封印された「邪馬台国」と
葬られた「出雲の国」が、
今、蘇える！

濵田博文
鹿児島大学名誉教授（医学博士）
「邪馬台国 in 南九州」を探究する会 会長

鉱脈社

目次

第三章：出雲の国と邪馬台国の大同団結＝大和王権の誕生　71

はじめに

古代史関係の本をいろいろ漁っていると、古事記と日本書紀（以下、「記・紀」と略す）や「魏志倭人伝」（以下、「倭人伝」と略す）を読めば読むほど三つの疑問が深まってくる。

①「記・紀」に書いてあることは、改竄、粉飾の匂いが強いけれど、どこが改竄・粉飾で、どこからどこまでが史実なのか？

②「記・紀」編纂者は当時一流の知識人であり、当然、中国の正史である「魏志倭人伝」の「邪馬台国と卑弥呼」は知っていたはずなのに、日本の最初の正史である「記・紀」（本文）には、なぜ一言も触れてないのか？

③「記・紀」に「出雲」のことが時々出てくるが、しかしとびとびの内容で、しかも輪郭淡く。そのように「出雲」を書く事で、「記・紀」は一体何を言いたかったのか？

この三つの疑問が、私の脳裏からずっと離れなかったある日、ふと思い付いた。

そうだ、「記・紀」が書かれた以前の時代の事を、主に書いてある本を読んでみたら何かヒントが得られるかも、と。

「記・紀」は奈良時代に書かれたので、それ以前というと飛鳥時代、古墳時代（または大和王朝時代）、さらに弥生時代、縄文時代に当たる。そのような時代に集中して書いてある本はないだろうか、とその目で探したら、結構あった。

それらを繰り返し読んだら、ヒントどころか、私に言わせれば、「記・紀」により、**封印された「邪馬台国」と葬られた「出雲の国」**が、今、蘇ってきたのだ！

多数の本の中から納得した二二編を選んで、特に共感を覚えた日高正晴氏、原田常治氏、梅原猛氏、村井康彦氏の内容を敷衍《ふえん》して、他の一七編を背景に、かつ私見も少しまじえて、皆様にお伝えしたいと思う。

なお、私は本稿をロマンや夢、ファンタジーを求めて書いたものではない。

「記・紀」以前の文献・資料から「記・紀」の洗礼を受けなかった（と考えられる）事実のみを抽出して「記・紀」の改竄・粉飾を洗い流し、その神話時代と同時代に書かれた中国の歴史書「倭人伝」と擦り合わせて、できるだけ日本古代の史実に迫ることを念じて書いたものである。

第一章

帯方郡から邪馬台国までの行程

1.『三国志』の中の「魏書」第30巻 烏丸鮮卑東夷傳倭人条《うがんせんぴとういでんわじんじょう》

「倭人伝」は、中国の正史『三国志』の「魏書」第30巻 烏丸鮮卑東夷傳倭人条の中の倭人に関する部分の略称である。

AD二八〇～二九七に、魏から西晋に移った歴史編纂官の陳寿《ちんじゅ》が編纂した中国の正史の一部で、その四～五〇年前の体験者からの聞き書きが主体になっているが、魏の公式文書を写したと思われるところもある。

古来、中国大陸の中央にある文明の地を、中華と自称し、その周辺の国々を中華に対して、蔑称の東夷《とうい》、西戎《せいじゅう》、北狄《ほくてき》、南蛮《なんばん》と呼んでいた。

東夷の中の七民族（夫餘《ふよ》、高句麗《こくり》、東沃沮《ひがしよくそ》、挹婁《ゆうろう》、濊《わい》、韓《かん》、倭）の中で倭人のことについて記したのが「倭人条」（魏志倭人伝）である。

七民族の中で「倭人条」が最も字数が多く、しかも他民族より、文明的、文化的に描かれている。

さらに、倭国は魏の皇帝から金印を与えられたのに、他の国々は、銀、銅印すら与えられていない。これは当時、魏の政略的意味もあったにしろ、中華思想の中国からみて、卑弥呼の「邪馬台国」が東夷七ヵ国の中では進んだ有力国であった証《あか》しである（身びいきではなく、そういう書き方である）。

「倭人伝」は、中国の正史の一部だが、中華からみて異民族の項：鮮卑・烏丸・東夷傳倭人条を読むときに心していた方がよいと思われる点がある。

・中華思想が頻繁に顔を出し、蔑視文字が国名、名前、地名などに恐ろしいほど多用されている。したがって、上から目線で、かつ大げさな表現名が目立つ。

とくに、当時信奉されていた五行説の影響が強く、数値には距離にしろ人口にしろ、五行説に影響を受けたと思われる数値を書いている。

・上から目線の大げさな表現が、時々勇み足を生じていると思われるところがある。

・原本は残っておらず（この頃の文書は大抵そうだが）、写本なので、模写中によくある誤写が生まれやすい。（例えば、台《タイ》の「臺」は壱《イ》の「壹」と似ているため、「邪馬壹國（yamaikoku）」（新字体：邪馬壱国）と表記されている、が写本の際に誤写が生じたものとするのが通説である。

すなわち、邪馬臺國（yamataikoku）の誤写すなわ

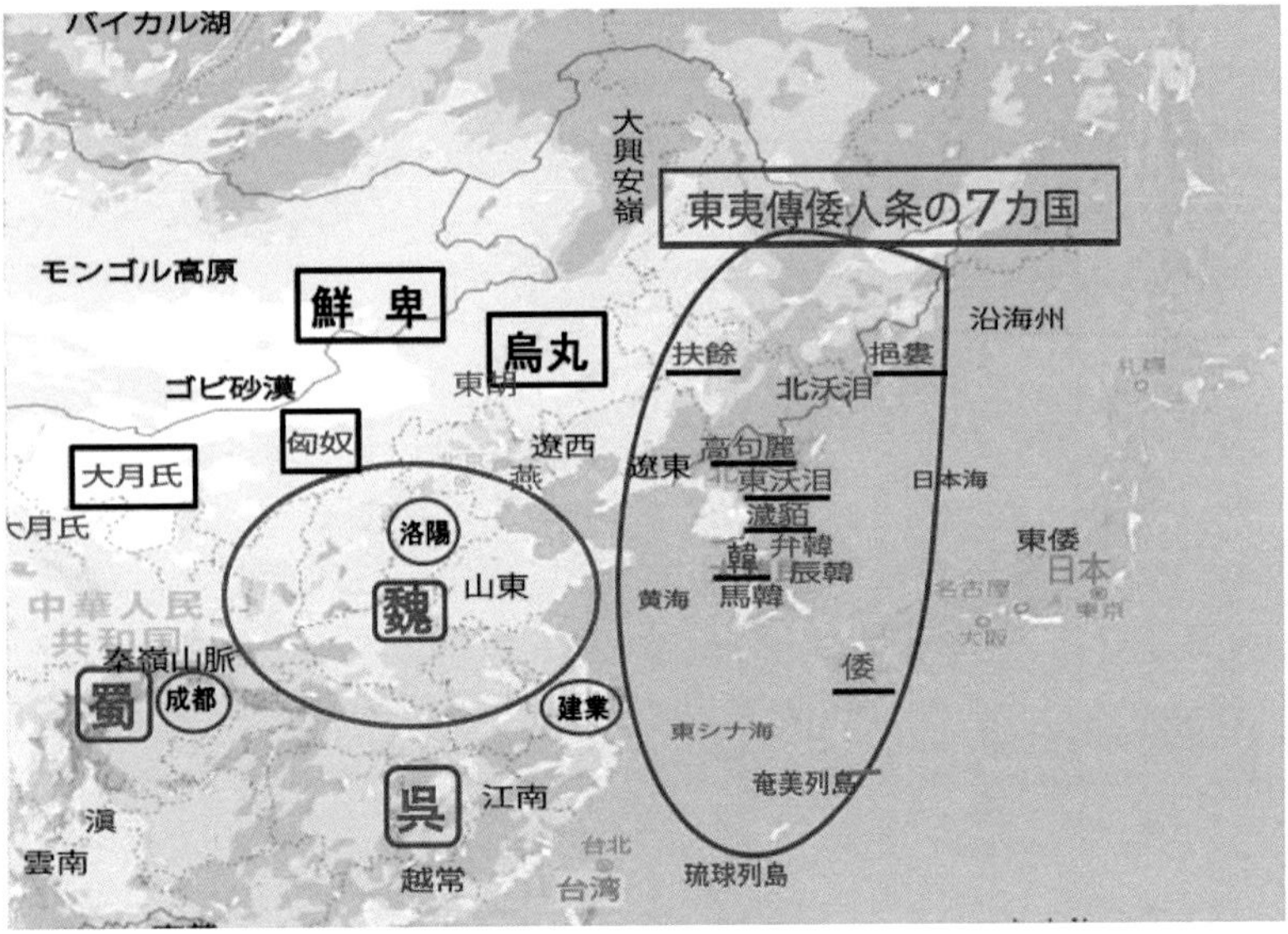

図1　三国(魏・呉・蜀)と7カ国の東夷　toshihak.lollipop.jp より改変

一般に、誤写とする為には、よほど慎重でないと自分の説に都合よく引き込み易い。

かなりの蓋然性がないかぎり安易に誤写とすべきではない。

・国名・地名・人名も卑字を交えた難解な言葉が頻出するが、意味はないものが多い。(例えば後述する行程中の連続する二一の国名など)。

正史『三国志』の中の三国:魏・呉・蜀と「魏書」烏丸、鮮卑、東夷傳倭人条の東夷七民族の位置関係は図1に示すとおりである。いかに、魏国から東夷の七つの国々は辺境にあるかが分かる。

2. どんな船で、倭国へやって来たのか？

宮崎県西都原遺跡出土の舟形埴輪
東京国立博物館展示

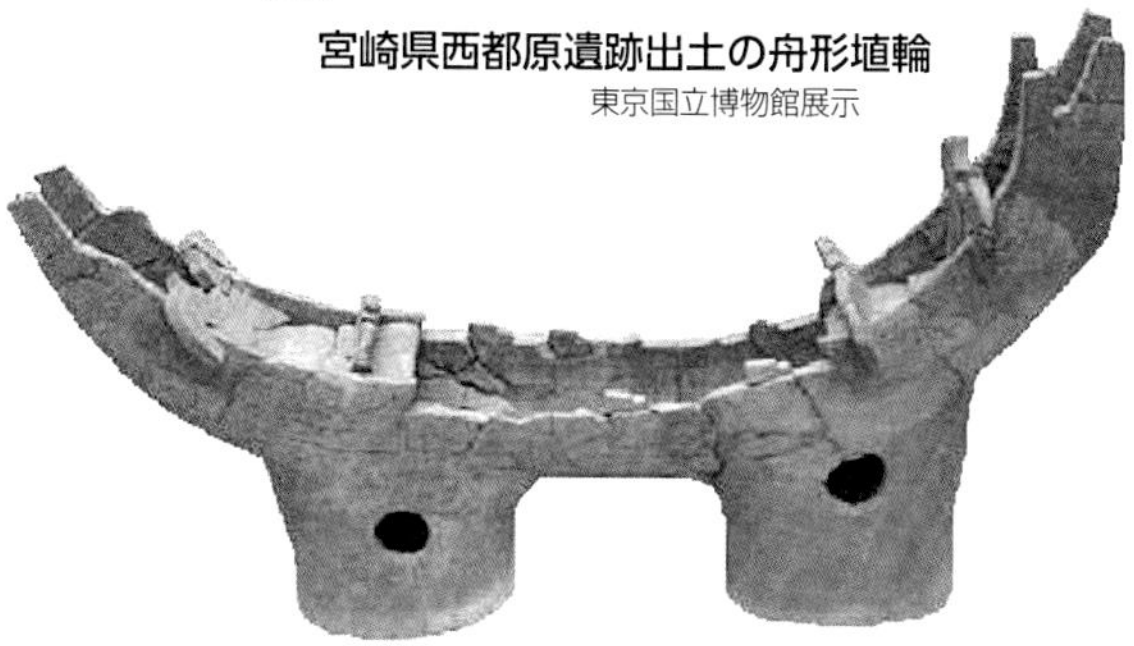

大阪市立博物館展示

図2　どんな船で、倭国へやって来たのか

古墳から出土した舟形埴輪（図2上：宮崎県西都原古墳、図2下：大阪市立博物館蔵）のような準構造船は、中国では遅くとも前漢時代に出現していたという。

当時、中国大陸（特に江南地域）と倭国は、このようなゴンドラ型竜骨舟か、もう少し大きい帆船を使用した海上交易が活発だった。

元水産庁漁船研究官の石井謙治氏によれば、古代の準構造船の遺物や残された風土記などから見て、全長三〇m、幅三m、乗組員三〇人、時速六kmくらいの船は建造上可能だったのではないか、と。

3. 縄文後期〜弥生早期の二つの東西交易路

日本列島は四面を海で囲まれている。従って文明が発達するためには、どこか先進国と交流がないと文明は伝わってこない。

狩猟・漁労や採集生活を基本としていた縄文後期から弥生早期に、日本列島が先進国と交易があったのは、次の二つの経路であった（図3）。

(1) 草原の道　地中海⇕蒙古⇕満州⇕出雲

第一の経緯は、地中海⇕南ロシア草原⇕カザフ⇕モンゴル⇕満州⇕出雲を経由する古代の地中海との交易路である。牧畜、騎馬、畑作、毛皮、絹、鉄器、楽器、宝石（ラピスラズリ、他）、さらに政治、宗教などが、蒙古・満州あるいは高句麗を経て出雲に伝わってきた。

シルクロード（オアシスの道）は漢の武帝の時に全面開通し、この草原の道より千年以上も遅

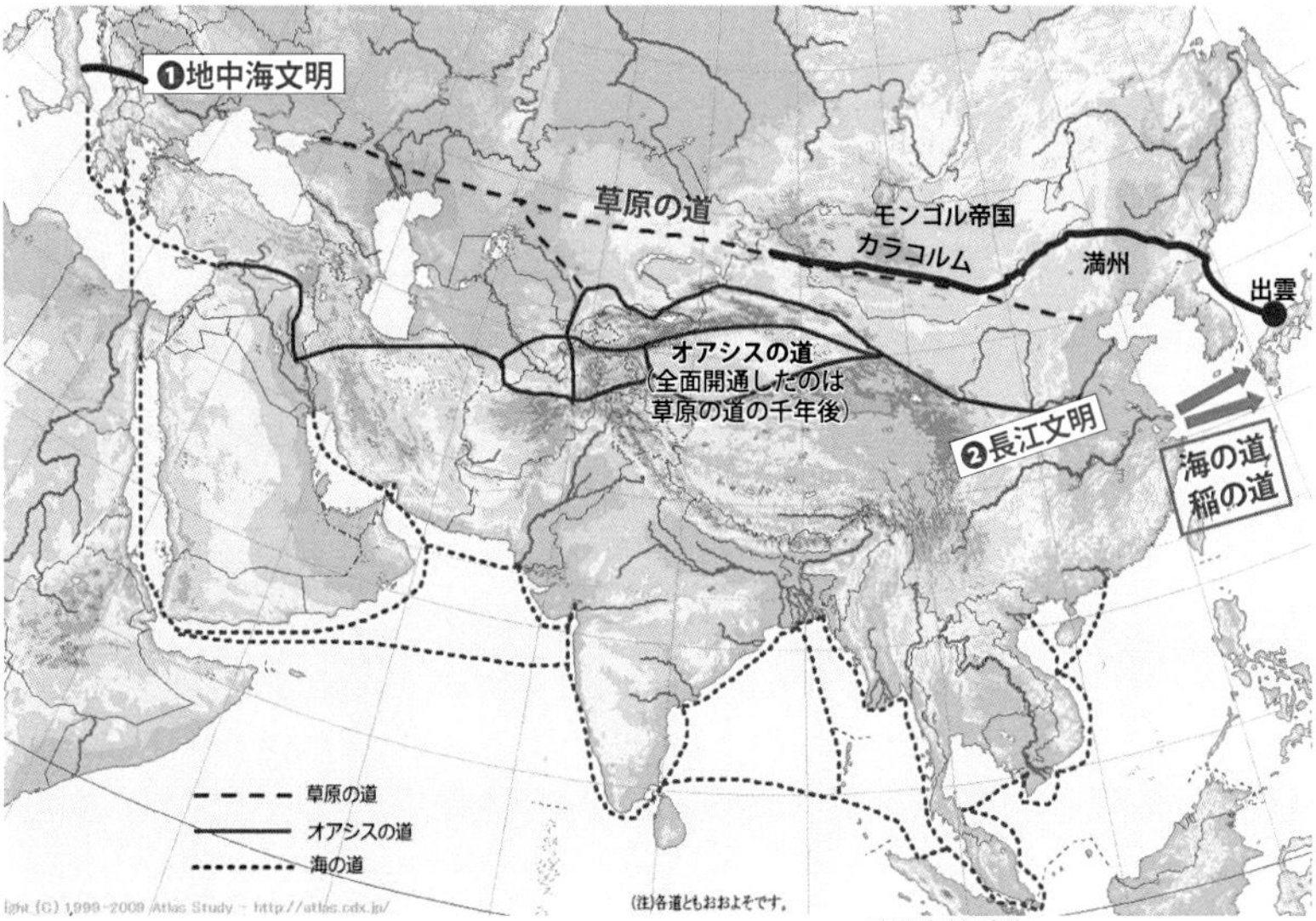

東西を結ぶ道
（worldhistoryeye.jp）より一部改変

図３
縄文後期～弥生早期の東西交易路：
①地中海文明の草原の道と ②長江文明の海の道

かった。

ところで、北方モンゴル経路の「草原の道」の終着地が、なぜ出雲だったのか？

① 山陰地方で盆地が多く、丘陵地、湧水地・扇状地が非常に多かった（古代は洪水のため、平野に住宅や田畑は造れなかった）。

② 外港として最良港の中の海と宍道《しんじ》湖があった。

③ 平面図でなく地球儀で見れば、地球は球体なので、中国東北部の沿海州海岸の古代都市から出雲間は、帯方郡から唐津間より北方にあるので距離が短かかった。

④ 南満州から朝鮮半島を通る行路は、まだ民開発であった。

⑵ 長江文明の存在

近年の発掘研究から、黄河文明より前に発達してきた、との説が浮上してきている

第二の経緯は、中国・江南の寧波《にんぽー》⇕舟山《しゅうざん》群島⇕吐噶喇列島（トカラ列島）⇕南九州、または江南から直接⇕南九州へ、あるいは琉球列島や奄美列島を介して九州への道である。長江文明の水田稲作、養蚕・絹織物、鉄器、政治、宗教（原始道教）などが伝わってきた。

以上二つのルートの窓口である出雲と南九州の港（今の薩摩川内市、指宿・山川市、国分市、宮崎東海岸の港）に、各々、地中海と北方・南方モンゴリアン文明が伝わってきて、一種の文明開化（早期弥生時代）が起きていた。

満・蒙から出雲への交易の、文字に記録されている具体的事例として、少し時代が下がるが、奈良時代の渤海《ぼっかい》使の例がある（図4）。

渤海国は、ちょうど奈良時代と同じころ建国され終焉を迎えた、当時としては結構大きい国であった。渡航時期は晩秋から冬季にかけて、渤海国から出発すれば、北西からの季節風と対馬暖

松花江
渤
海
ウスリー川
上京竜泉府◎
中京顕徳府○
東京竜源府
リマン寒流
西京鴨緑府
鴨緑江
南京南海府
野代津
平壌
渤海使想定航路
新
羅
福良津
金城○
敦賀
出雲
平城京
対馬暖流
太宰府

図4 奈良時代の渤海使（合計39回）

https://www.y-history.net

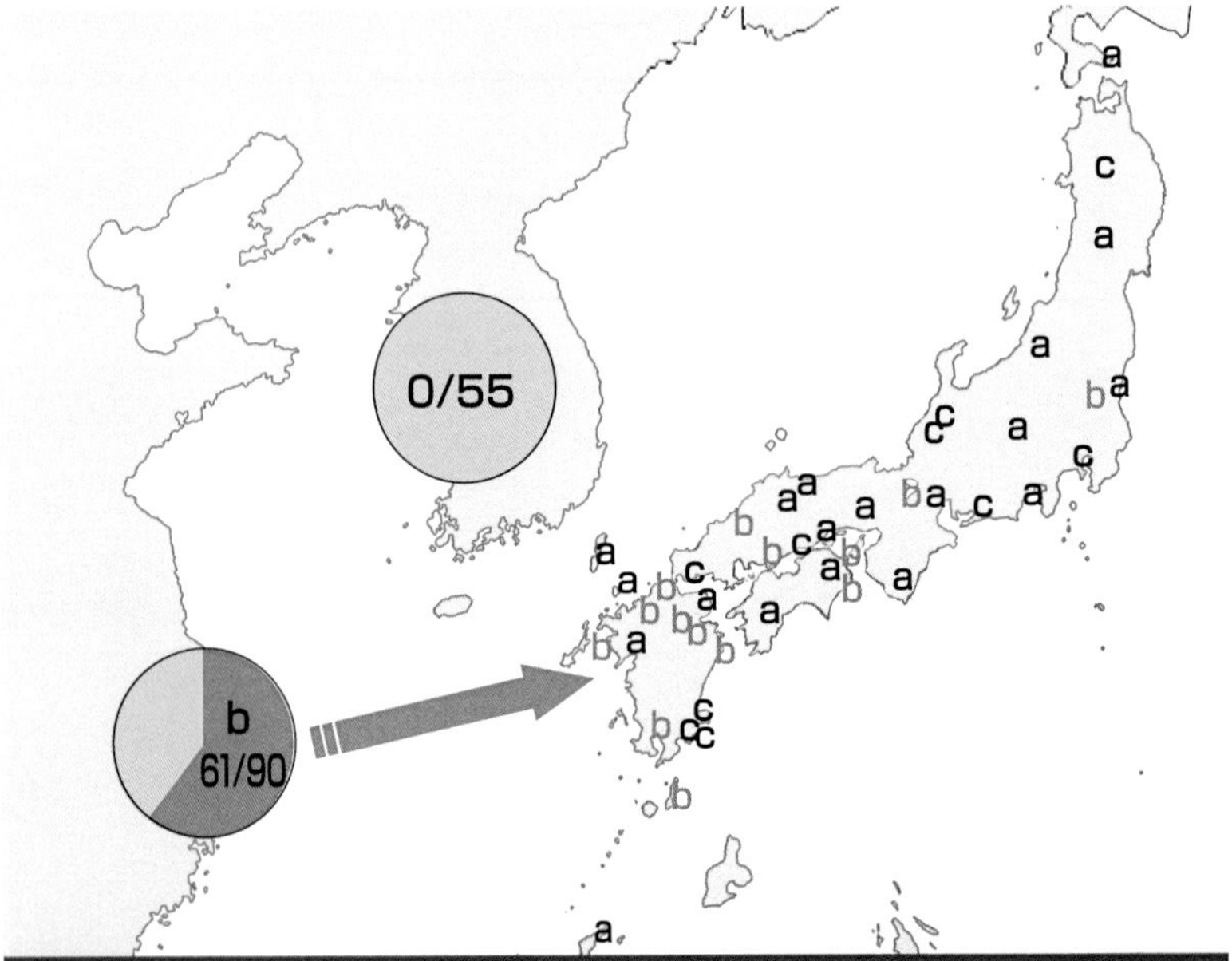

図5　温帯ジャポニカ種のb遺伝子は「江南地方」より直接渡来した。

こだわりアカデミー　https://www.athome-academy.jp
佐藤洋一郎：『DNAが語る稲作文明：起源と展開』(NHKブックス773)
「在来品種おけるRMI-aおよび-b遺伝子の分布と伝播」

流に乗り、出雲をはじめとする山陰国に到達し、日本海の各港湾集落を北上し、反転してリマン寒流に乗り渤海国に還る、という片道約一〇日間のルートである。

それが奈良時代に三九回も行われた。他方、同時期の遣唐使は一〇数回であった。いかに渤海国（鉄鉱石が豊富）と山陰の都市との交易が盛んだったかが分かる。

他方、長江（特に江南）文明のルートとして、海の道または稲の道がある（図5）。

近年稲の遺伝子を研究している佐藤洋一郎氏によれば、b遺伝子

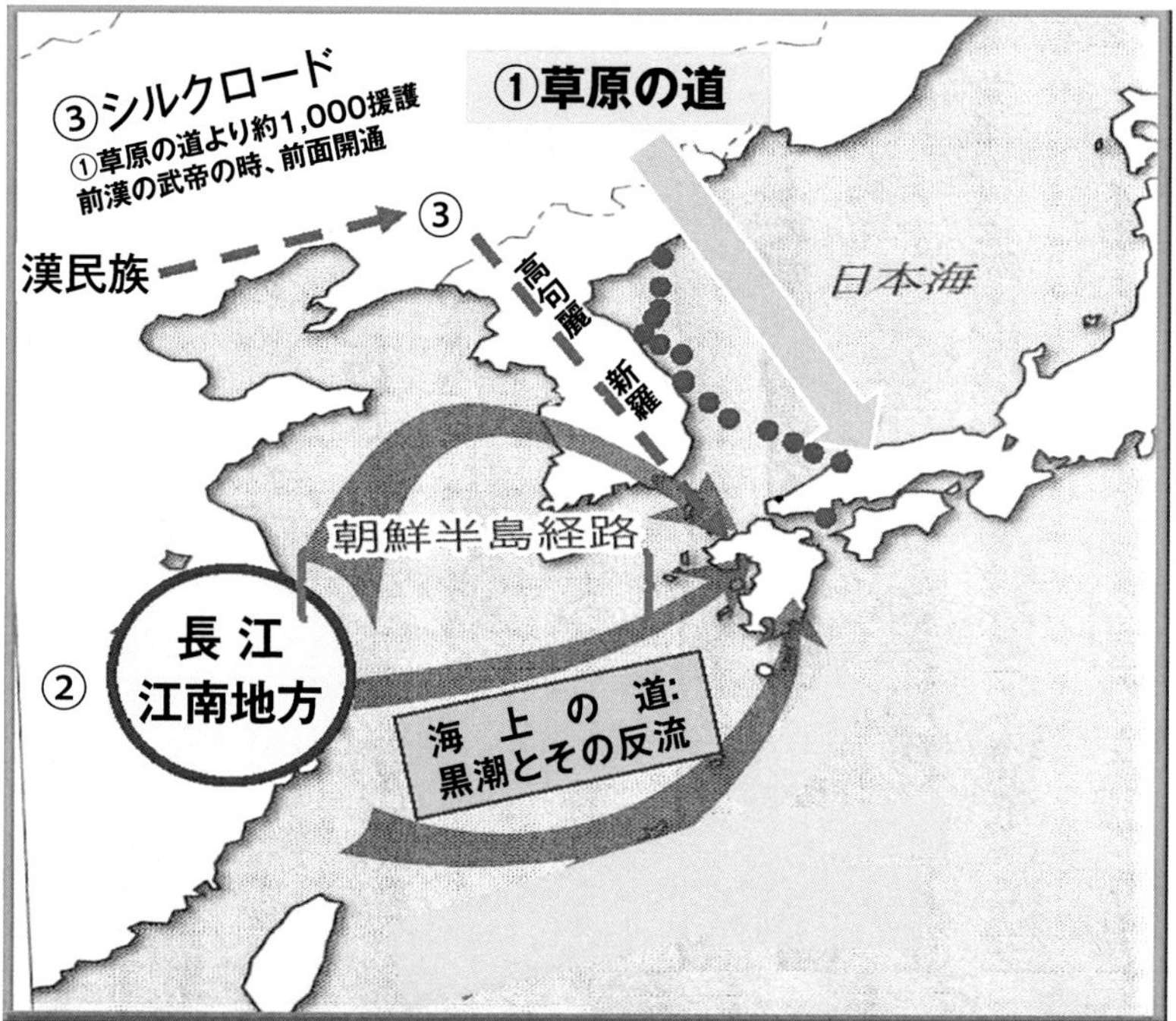
①草原の道
③シルクロード
①草原の道より約1,000援護
前漢の武帝の時、前面開通
漢民族
③
高句麗
新羅
日本海
朝鮮半島経路
②
長江
江南地方
海上の道:
黒潮とその反流

図6 文明の入り口 ②江南➡九州ルートの拡大

佐藤洋一郎『稲の日本史』2002、改変

を持つ温帯ジャポニカが、朝鮮由来ではなく東シナ海由来で、黒潮に乗って九州に直接到達している。すなわち江南と日本のイネは同じ品種である可能性が極めて高い、という。

朝鮮経由ではなく東シナ海を黒潮に乗って、九州に直接渡来してきたことが分かってきた。

ただ、長い歴史の間には、交易路は船の大型化や航海術の向上などとも相まって、拡大していった（図6）。

4.「倭人伝」の行程――帯方郡より水行して狗耶韓国《くやかんこく》に到る

「倭人伝」において、**【帯方郡より倭に至るには海岸に循《したが》ひて水行《すいこう》す。乍南乍東《さなんさとう》し（倭の）北岸の狗邪韓国に到る。七千余里】**（図7）。

ここで水行とは沿岸航行のことである。

沿岸航行の特徴は、前述の石井氏によれば、

①常に、自船の位置が陸上の目標物で確認できる。

②天候が悪化したら、すぐ島影、岬、湾内のような安全圏に避難できる。、

③食料や水が随時補給可能である。貢ぎ物以外の物資をそう多く積まなくてもいい。

④朝鮮西岸のような潮の干満による流れの変化が激しいところでは、順潮が利用できる。ただし、逆潮の場合は潮待ちの必要がある。

⑤快晴・無風・視界良好・波穏やかな航行が常識で、季節風が吹く冬場は航行しない。

図７　帯方郡より倭に至るには海岸に循ひて水行す。
乍南乍東し北岸の狗邪韓国に到る

Book61.co.jp
（長崎教育委員会のポスター）
より引用

5. 一海を渡る、末盧《まつら》国に至る（「倭人伝」）

次に韓国の南岸から対馬を経由して北九州に達するのだが、その主なルートは、古代から現代までもほとんど変わらない。

「倭人伝」ではここで航海方法が**水行**から**渡海**に変わる（図7）。

「倭人伝」によれば、**【**（狗邪韓国から）**始めて一海を渡り～対海国**（対馬）**に至る。又、南に一海を渡る、一大国**（壱岐）**に至る。又、一海を渡る、末盧国**（唐津）**に至る】**。

ここで**海を渡る**＝**渡海**、とは多少距離は違っても、船で、その**海**（または海峡）を一日で渡りきることをいう。対馬海流は結構急な流れなので、それに抗して、出発してから日の入りまでに着かないと暗い海では星以外は目印がなくなり、危険を伴うからである。

6. 末盧国から陸行伊《い》都《と》国に到る（「倭人伝」）

次に「倭人伝」によれば、**【末盧国**（今の唐津）**から、東南陸行五百里、伊都国に到る】**。

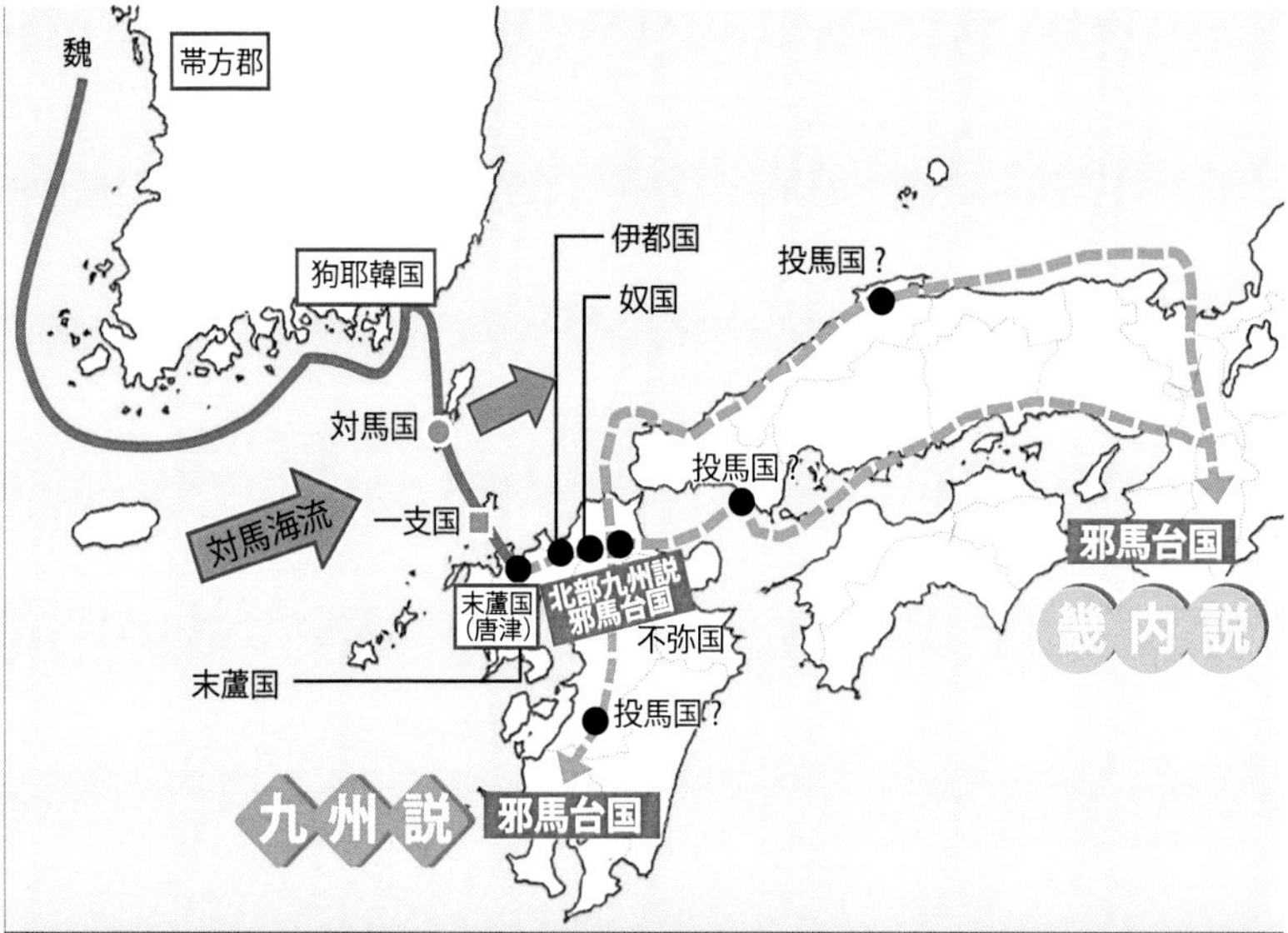

図８　邪馬台国所在地の諸説　https://intojapanwaraku.com/culture/3447 より改変

邪馬台国所在地の諸説として、主に❶畿内説、❷宇佐・中津説、❸北部九州説、❹南九州説が挙げられる（図8）。

ところが、❶畿内説、❷宇佐・中津説は方角や距離が「倭人伝」の記載に全然合わない。かつ渡海してきているので、もし畿内や宇佐・中津に行くなら、船でそのまま航行した方が各種の重い荷物を持って陸路を歩くよりずっと楽である。ところが①②説では末盧国（唐津）から「陸行」に移っているのである。船から荷物を降ろしたり揚げたりのこの手間・暇は無視できない。

それを地図を少し拡大して確認する（図9）。

①方角：「倭人伝」の記載どおり、東南に陸路をとって松浦川沿いの唐津街道へ行く。

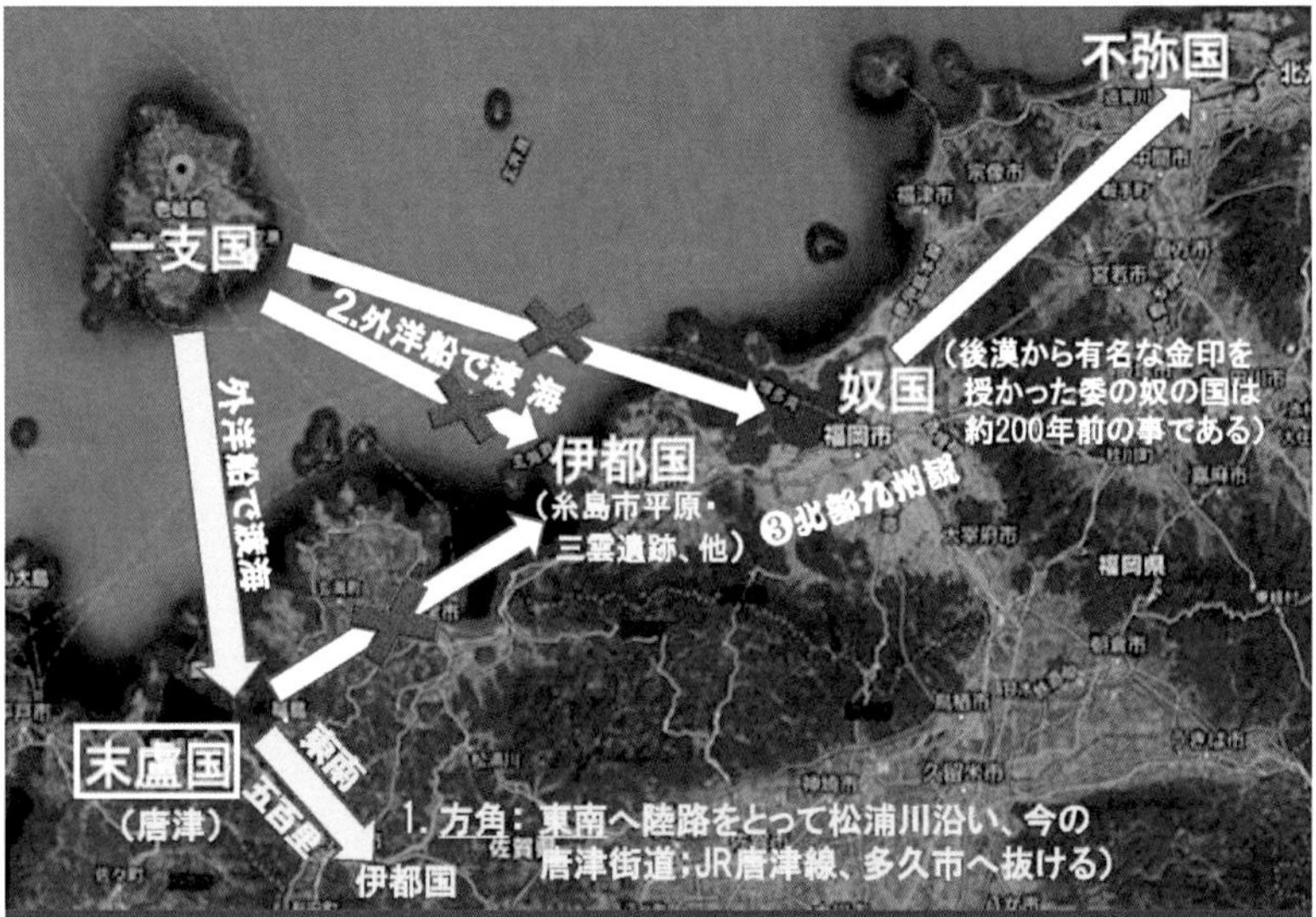

図９　末蘆国（今の唐津）から、東南陸行五百里、伊都国に到る

Google earth を改変

今はそこは唐津鉄道も通っていて、すんなり行ける。

②唐津までは外洋船で来たので、一旦、唐津で降りて、そこから各種の重い荷物を持って陸路、伊都国や奴国に行く。さらにまた水行に移るという不合理は考えられない。

③某TV局の「邪馬台国特集」で、中国の各々別な機関に所属する三人の古代史専門家に、「倭人伝」を読んでもらって、どの地域が妥当か？　との質問に、異口同音に「九州」と答え、さらに一人は「南九州」と答えていた。

以上から、図９の陸路の伊都国・奴国経由のルートは、かなり無理な話である。

④北部九州説：北部九州に弥生遺跡が多い

図10　東南陸行五百里、伊都国に至る。東南奴国に至る、百里。東行不弥国に至る、百里。（伊都国：多久、奴国：小城、不弥国：佐賀近辺）

Google earth を改変

のは周知のとおりであるが、方角や距離がまったく合わず、原文と相当無理がある。

また北部九州の「漢委奴国」（五七年）と「邪馬台国」の時代（〜二〇〇年〜）は約一五〇年ぐらい開きがある、とする説もある。「漢委奴国」に引っぱられてはいけない。

⑤さらに、後述するように「邪馬台国」の風俗は海浜国であり、北部九州の内陸国ではない。

「倭人伝」によれば、**【（末盧国・唐津から）東南陸行五百里、伊都国に至る】**。

末盧国（唐津）から、**東南陸行**は、すなおに文字どおり東南へ陸路をとれば、松浦川が流れており、今は唐津街道やＪＲ唐津線が走っている。そして脊振《せぶり》山系を横断して有明平野の山裾にある今の多久《たく》市へ抜ける（図10）。
【千余戸（今の多久市あたりに相当する）。**東南奴国に至る百里。二万余戸**（今の小城《おぎ》市あたり）。
東行不弥国（今の佐賀市近辺）**に至る百里、千余戸。】**

7. 伊都国：行政（官庁）都市（「倭人伝」）

ところで、邪馬台国にとって伊都国は重要な拠点であったようで、以下、かなり詳しく説明されている。

「倭人伝」**【**（伊都国は）**郡使常に駐する所なり。官一人、副官二人。千余戸。】**

他の国々は、一様に副官一人であるのに（邪馬台国は別格で三人）、伊都国だけは副官二人で副官が増えている。ところが戸数は逆に千余戸と、他の国々の中で最低クラスである。

次の一大率の説明とも併せれば、伊都国は行政（官庁）都市であったと思われる。

「倭人伝」**【女王の国**（日向《ひむか》の邪馬台国）**の以北には、特に一大率**（監察役）**を置き、諸国を検察せしむ。諸国之を畏憚《いたん》す**（恐れる）。**常に伊都国に治《しら》す。魏国に於ける刺史《しし》**（官職名）

の如くあり。】
伊都国は、副官が増えている割には戸数は逆に千余戸と、他の国々の中で最低クラスであり、この一大率の存在と、次に述べる一大率の職務を勘案すれば、行政（官庁）都市であったと思われる。
「倭人伝」によれば、**【（邪馬台国の）王が使を遣わして京都《けいと》（洛陽）や帯方郡、諸韓国に詣り《いた》、及び（帯方）郡使が倭国に詣るに、皆津に臨みて、文書、賜遺《しい》の物を捜露《そうろ》し、伝送して女王に詣らしめ、蹉錯《さそく》する（ごまかす）を得ず（ことができない）。】**
この文章で**皆津に臨みて、**は重要な語句で、**皆**（いつも、この一大率が伊都国から**津**（港）に**臨みて**（出かけて）、という意味で、一大率は普段は行政（官庁）都市の伊都国に駐在していて、用務ができれば港（唐津）に行って役目を果たす、ということである。
邪馬台国は、結構遠方にあるからこそ伊都国を行政（官庁）都市にして、大役の一大率（監察役）を置き、監察業務を行わせる必要があったことを示している。唐津は、いわば外港に当たる。
ともあれ邪馬台国の政治・外交はだいぶ整備されていたことが伺える。

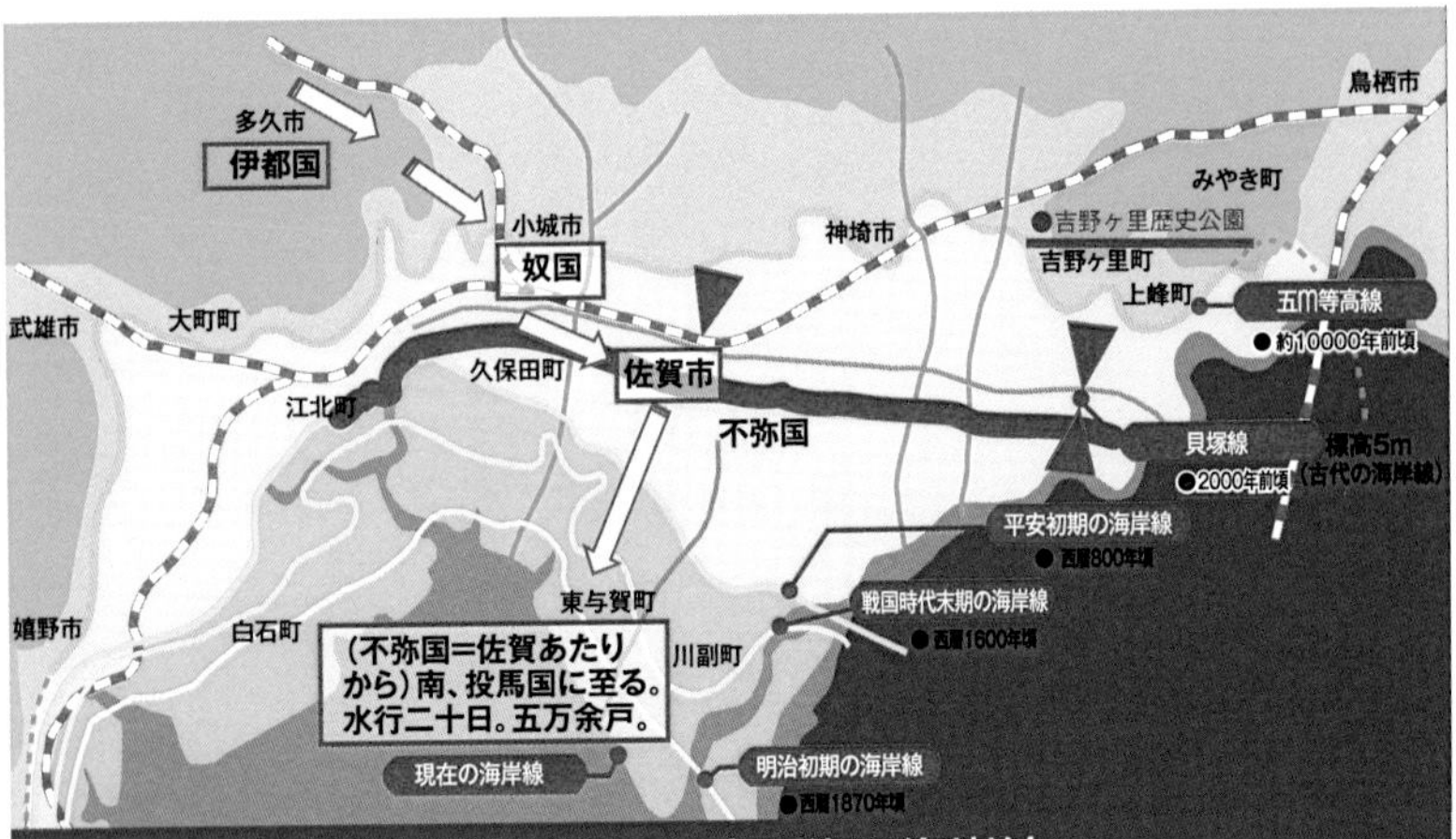

図11　弥生時代後期の有明海の海岸線（不弥国＝舟着き場・有明海へ）

九州地理院　ereki-westjapannavi.blogspot.com/2018/16/blog　西方浄土筑紫嶋より

8. 有明海航路

さて、九州地理院の報告によれば、弥生時代後期の有明海の海岸線は佐賀市周辺を走っていた（図11）。したがって、不弥国《ふみこく》（佐賀市周辺）に、当時の舟着き場があり、有明海に出ることができたと思われる。

「倭人伝」によれば【（不弥国から有明海に出て）**南、投馬国**（熊本平野）**に至る。水行二十日。五万余戸**】。

当時五万余戸（一戸五人として二五万人。中国特有の大げさ表現を差し引けば一〇数万人程度か）を養える土地は、有明海東岸では、今の熊本平野しかない（図12）。

古代の有明海の沿岸航行は、北部九州と南九州、

図12　魏志倭人伝における　倭国の行程：
佐賀市近辺から、また水行20日

Google earth　http://katsi.blog.fc2.com › blog-entry-2/2015/07/11 より改変

さらに南西諸島(外洋航行)を結ぶ幹線航路であった。代表例を挙げれば、

① 薩摩半島の万之瀬《まのせ》川流域の遺跡群、特に高橋遺跡は高価な貝輪の加工・中継地であった：貝の道(木下尚子、法政大学出版局)。

② 長島や宇土《うと》半島基部(当時は宇土半島と基部の間は海だった)および薩摩川内川や万之瀬川流域の多数の古墳の存在。

③ 薩摩半島の万之瀬川下流域は、当時入江をなす良港が多くて、中国の江南地方と活発な交易を行っており、今も発掘現場から江南地方の遺物が多数出土する。

④ 奈良時代に鑑真《がんじん》和尚が薩摩半島の先端、秋目海岸に漂着後、有明海を北上して大宰府に着いた事実。

9. 南、邪馬台国に至る（「倭人伝」）

「倭人伝」を、さらに続けて**【南、邪馬台国**（宮崎中央平野）**に至る、女王の都する所。水行十日陸行一月。七万余戸】**

Google. E で辿れば（図13）、今の幹線道路が出水⬇伊佐⬇えびの⬇小林⬇高原⬇宮崎⬇西都と続いている。古代も同じような道を約一カ月、魏国の皇帝からの数々の下賜品を背負ったり持ったりして進んだのだろう。

「倭人伝」によれば、**【女王の都する所、水行十日陸行一月】**の**水行**から**陸行**に代わる地点を、**出水**にして八代としなかった理由は、八代⬇球磨川⬇人吉盆地地域は、紀元前五〇年ごろから、次に述べる**狗奴国（球磨国＝琉球国）**の飛び地で、もともと邪馬台国とはソリが合わず、最終的には抗争にまで発展したからである（図13の白塗りと白点線）。

狗奴国（球磨国＝琉球国）は民俗学的に奄美群島と同じ琉球民族である。日本列島の、いわゆる大和民族とは異なる。その琉球民族が紀元前五〇年ごろから、前述の八代⬇球磨川⬇人吉盆地域に移住してきて、いわゆるコロニーを形成して、隣接する邪馬台国とは反目しあっていた。

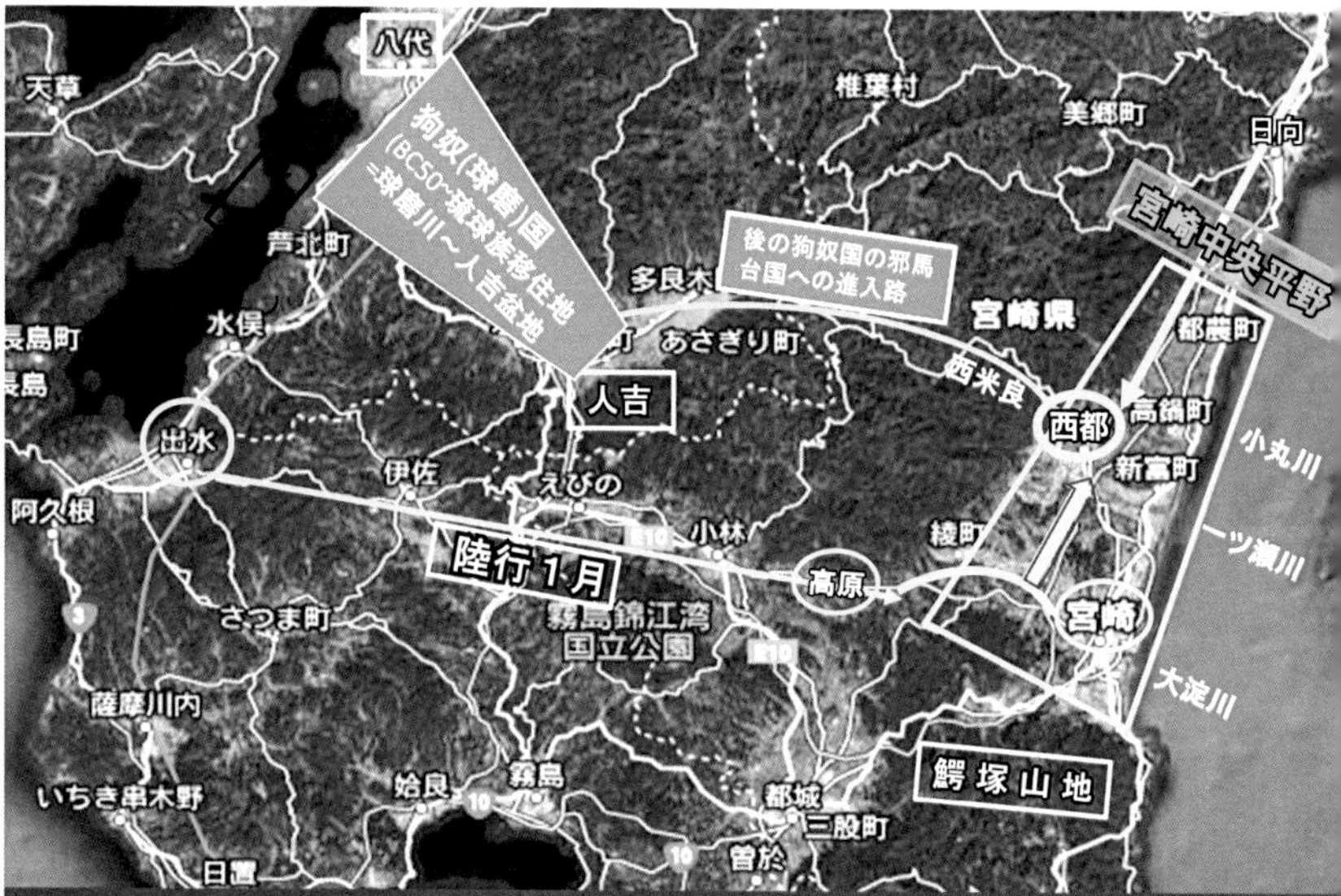

図13　出水➡伊佐➡えびの➡小林➡(生目古墳群・宮崎)➡西都

Google earth を改変

なお、不弥国から投馬国を経て邪馬台国まで、水行二十日に加えて、さらに水行十日ならびに陸行一月は、長すぎると問う人もいるかもしれない。しかし皇帝の使節一行がわざわざ「邪馬台国」まで来るとなれば、その途中で接待饗応が計画的に何回か行われ、その度に数日は滞留した可能性がある。また悪天候の日の行進はその間は休止せざるを得なかっただろう。そういうのも含めた古代の日程（水行・陸行）であっただろうと思われる。

他方、前述した中国の古代史専門家三人や諸家によれば、中国の古代書物は、方角は日中は太陽、夜間は北極星を中心に大体観測ができていたが、距離に関しては測定方法がなく、あいまいな数字が多いとされる。

「倭人伝」においても、韓国南端の狗耶韓国から対馬、対馬から壱岐、壱岐から唐津までの距離を、全て「千余里」と書いているが、近年の実測値では、どこの港を通るかにもよるが、概ね十：六：四とされる。もっとも千余里は五行説から出た数値であるとの説もあるが、五行説には今回は深入りしない。

10. 宮崎中央平野に展開する大古墳群

宮崎中央平野は、小丸川、一ツ瀬川、大淀川が広大な沖積地を形成し、西都原古墳群を中心に、川南古墳群、持田古墳群、茶臼原古墳群、新田原《にゅうたばる》古墳群、生目《いきめ》古墳群、本庄古墳群などが、多数の環濠住居跡やおびただしい副葬品・遺物と共に展開している（図14）。

宮崎中央平野は、総じて古墳一六〇〇基以上、前方後円墳三五〇基余り（原初的柄鏡式前方後円墳も含む）と多種多様、かつその数の多さは九州随一で、畿内と肩を並べるほどである。

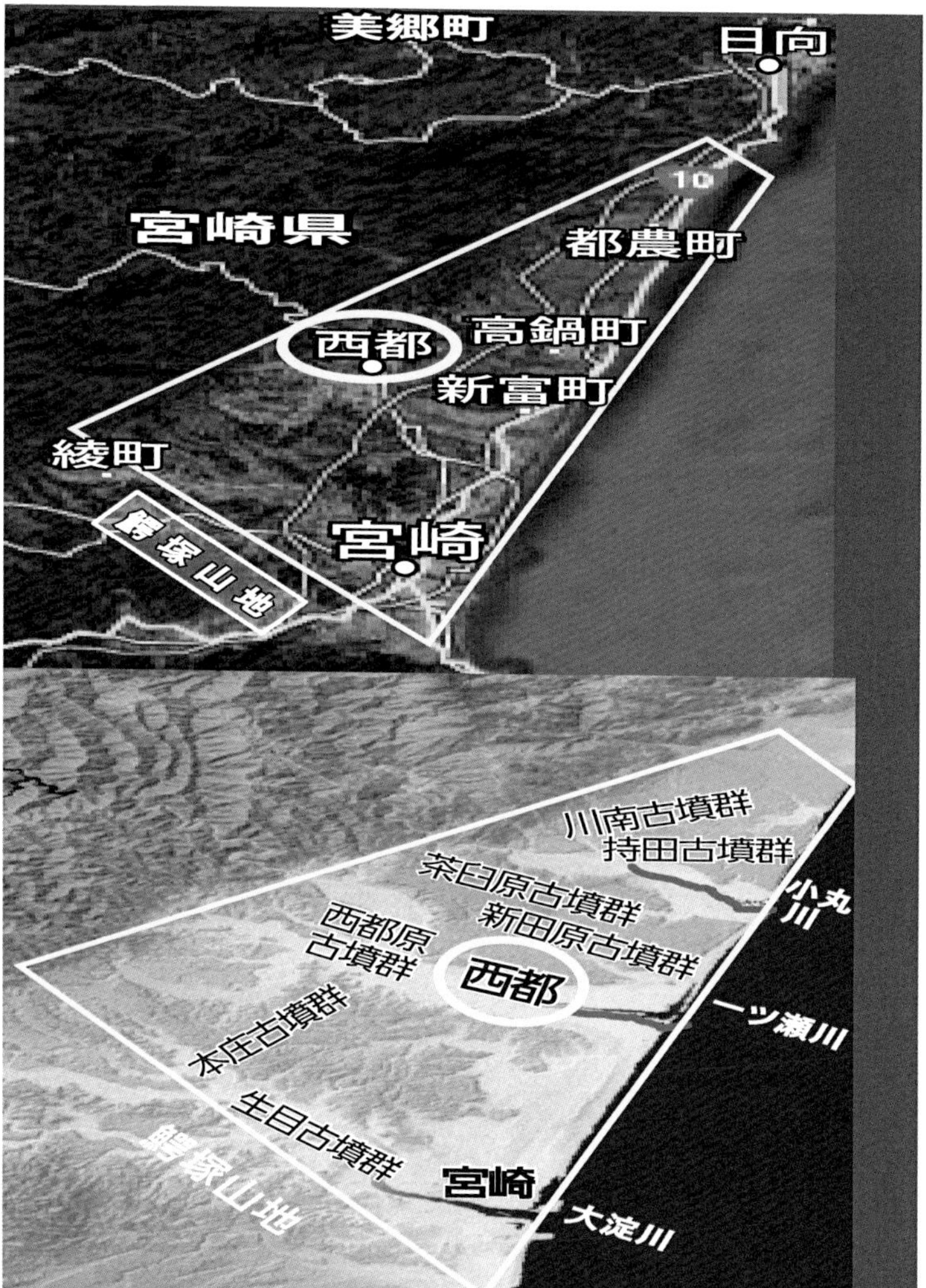

図14　宮崎中央平野（七万余戸）の邪馬台国と都の西都

Google earth を改変

11. 西都原古墳群

特に西都原古墳群（図15）は、それらの中核をなしている。日本でも有数の広域大古墳地帯であるということは、この地域に長期間、一大政治・経済・文化圏が古墳時代以前から存在していて、これだけの古墳群が形成されたことを示している。

「倭人伝」：そして、**【宮室、楼観、城柵、厳かに設け、兵を持して守衛す】**

12. 次に斯馬《しま》国～女王の境界の尽くる所（「倭人伝」）

「倭人伝」によれば、**【次に斯馬国**（種子島）**有り。次に已百支《じはき》国**（屋久島）**有り。**（～中略～）。**次に奴国**（与論島）**有り**（合計二一カ国）。**此れ女王の境界の尽くる所なり】**

以上の合計二一カ国は、現在の行政区画とも一致している奄美群島である。

北は対馬（正確には朝鮮半島の南端、狗邪韓国〈加羅〉）から南は奄美群島まで、一気に倭国の地理を記述して、**【此れ女王の境界の尽くる所**（奴国＝与論島）**なり】**と結んでいる。そこ

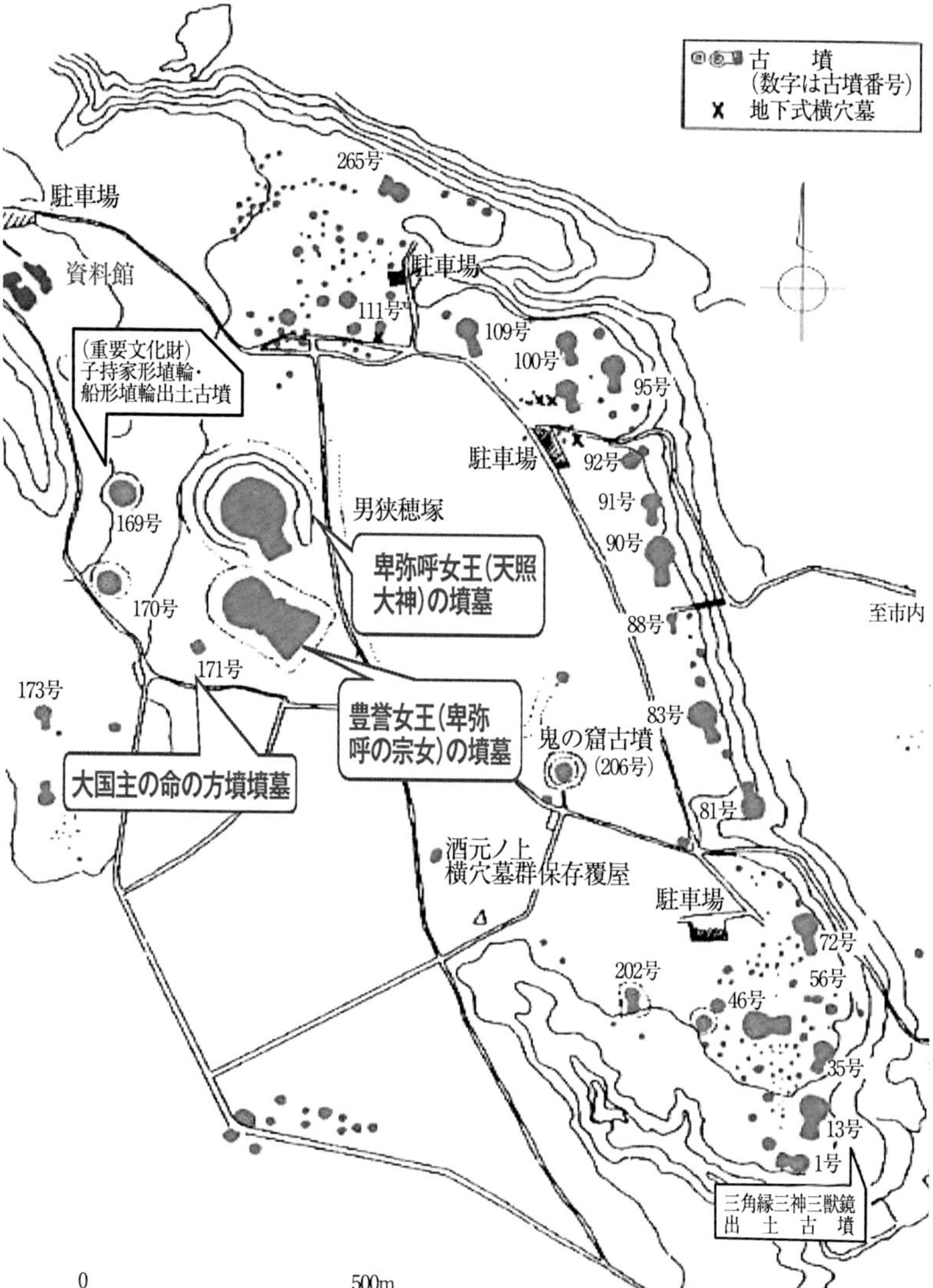

図15　特別史跡西都原古墳群

出典：日高正晴著『古代日向の国』日本放送協会、1993より引用して一部改変

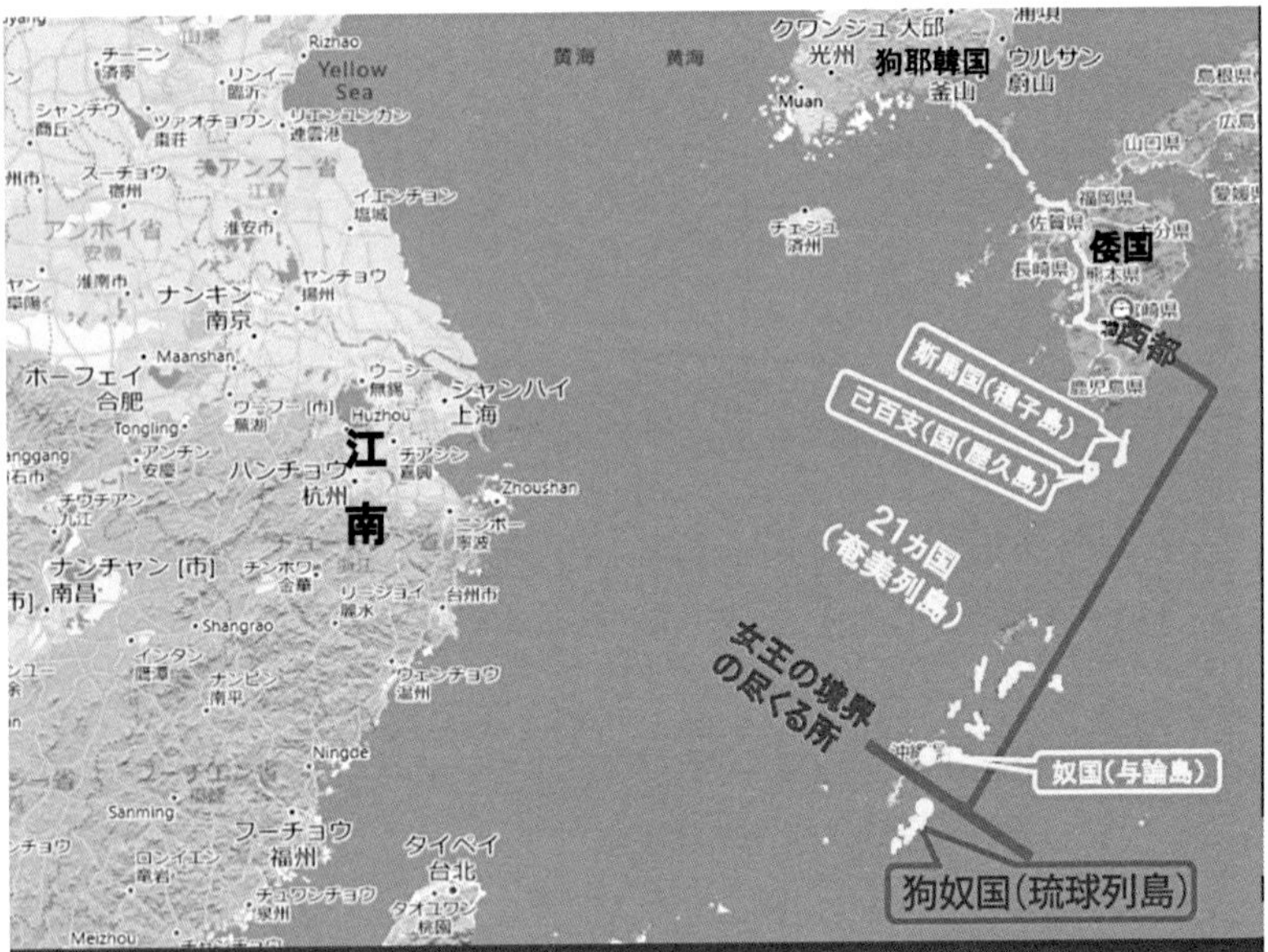

図16　西都→斯馬国（種子島）～奴国（与論島）→狗奴国（琉球）

Google earth を改変

は現在も鹿児島県の南境界（与論島）である（図16）。

もっとも、この奄美群島二一カ国は当時でも、中国の江南地域と盛んに交流していたので、かなり細かい知識があったものと思われる。

13. 其（奄美大島）の南に狗奴国有り（「倭人伝」）

「倭人伝」によれば、**【其（奄美群島）の南に狗奴国**（＝球磨国・;琉球国）**有り**（図17）。**男子を王と為す】**。**【其の官、狗古智卑狗《くかちひこ》有り。女王に属さず】**

図17　其（奄美群島）の南に狗奴国（球磨国＝琉球国）有り

https://zikanwakaran.jp 由来タイムより引用して改変

其（邪馬台国の境界である奄美群島）の南には、狗奴国（＝球磨国・琉球国）がある。狗古智卑狗という男王がいるが、女王国には属してないという。

中国大陸の江南を中心とする東海岸地域は、普段から狗奴国（琉球）と交流も多かったので、狗奴国（琉球）に関する書きぶりは、以下、微にいり細にわたって精彩を放っている。

14. 郡（此）より女王の国に至る万二千余里（「倭人伝」）

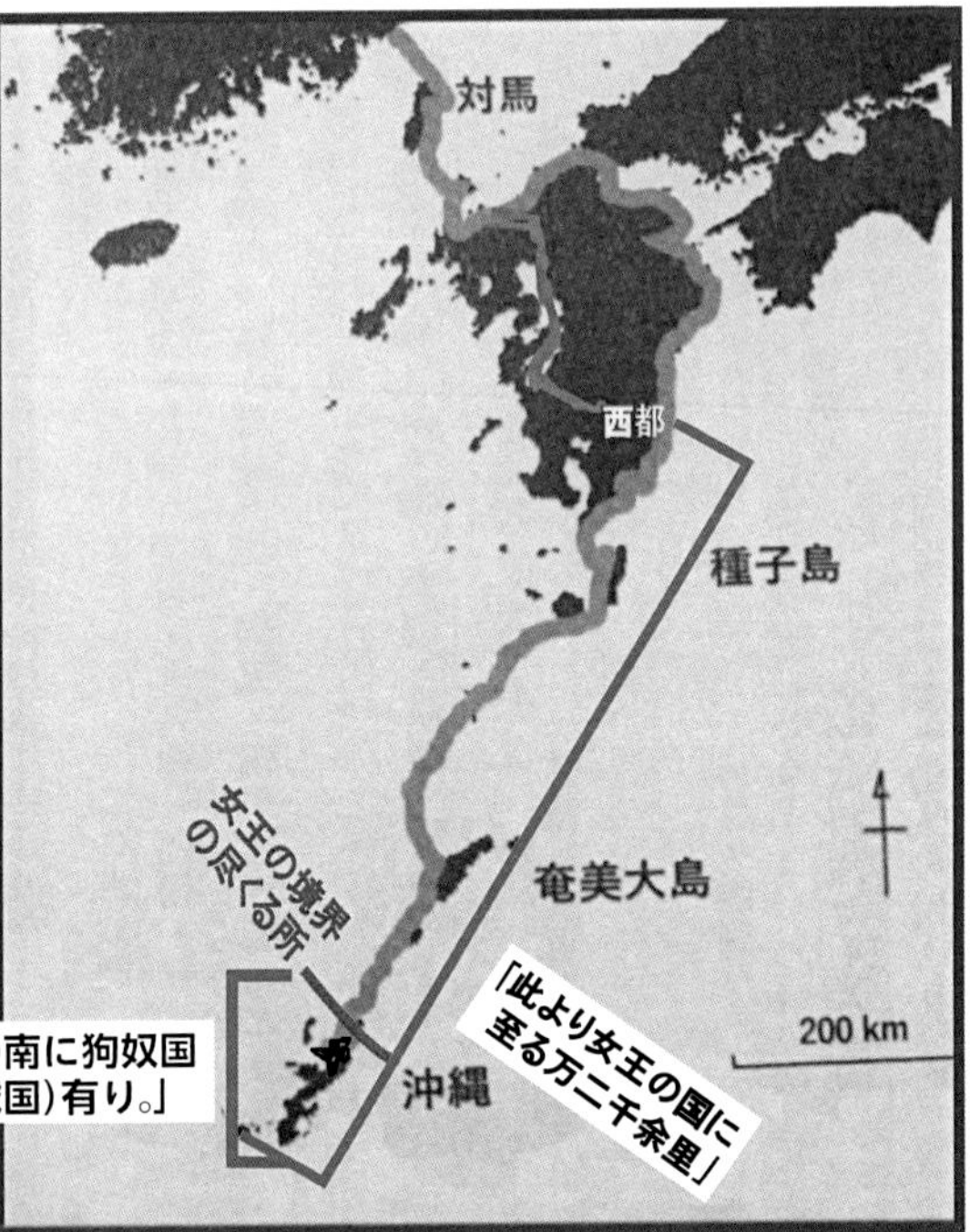
対馬
西都
種子島
奄美大島
女王の境界の尽くる所
「其の南に狗奴国（琉球国）有り。」
「此より女王の国に至る万二千余里」
沖縄
200 km

図18　此（琉球）より女王の国（邪馬台国の都・西都）までの距離

https://zikanwakaran.jp 由来タイムより引用して改変

「倭人伝」**【郡より女王の国に至る、万二千余里】**。

この文章中の「郡《ぐん》」は、「此《ここ》」の誤写と思われる。奄美列島の後、狗奴国（琉球）の説明中に、突然帯方郡を意味する郡という、琉球とは何の関係もない異質の言葉が入り込んできている。脈絡があわなくなるので、「郡」は「此」の誤写と解すれば辻褄があう。

此（琉球）より女王の国（邪馬台国の都・西都）までの距離は、対馬から壱岐間の千里のちょうど十二倍、即ち、一万二千余里である（図18）。

15. 狗奴国の風俗（「倭人伝」）

「倭人伝」によれば、**【男子は大小なく、皆鯨面《げいめん》文身、古《いにしえ》より以来、其の使中国に詣《いた》る。**（中略）**文身断髪文身、以って咬竜《ハブ》の害を避く。今倭の水人**（漁師）、**好んで沈没して魚蛤《ぎょこう》を捕らう。文身は亦以って大魚《サメ》・水禽《すいきん》を厭《はら》う**（図19左）。**】**

やはり、熟知している琉球の風俗は生き生きと描かれている。ハブ除けに顔に彫り物をしたとか、サメ除けに体に彫り物をしたようなことは、九州・本州の歴史にはない（他の意味、例えば

越人像（浙江省博物館蔵）
；断髪・鯨面文身

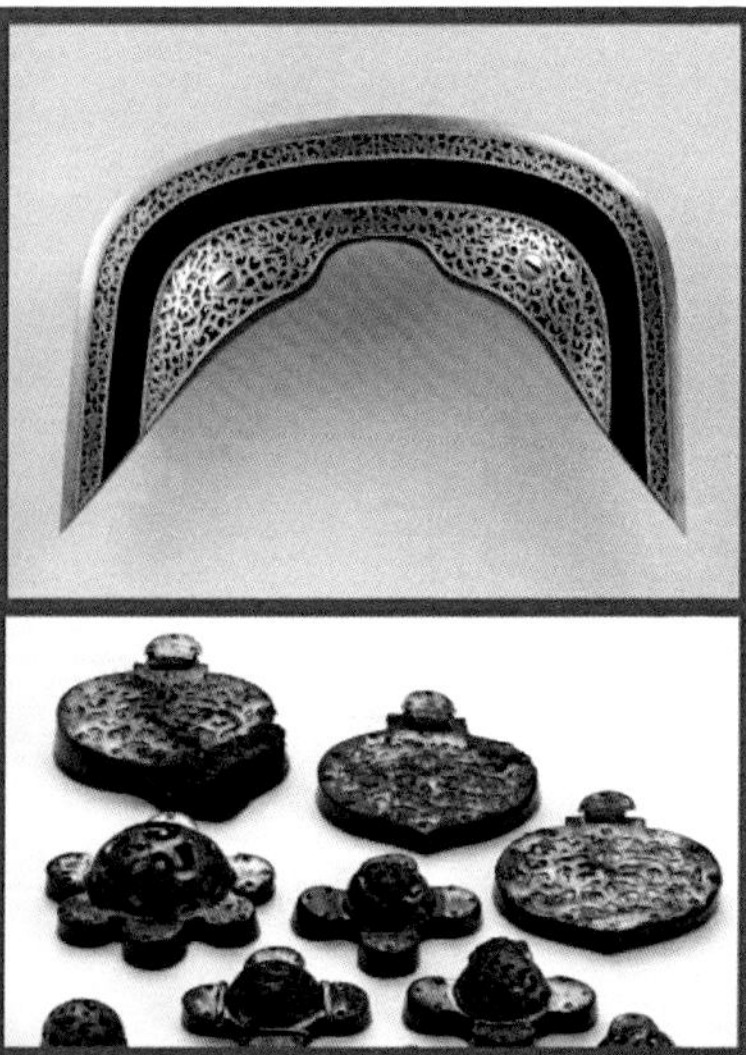

（五島美術館蔵）

図19　左：男子は大小なく、皆鯨面文身
右：西都原古墳出土金銅制馬具

帰属連帯感、成人への通過儀礼、悪霊除けのための鯨面文身はある）。

図19左は浙江《せっこう》省博物館蔵の越《えつ》人像だが、倭人とそっくりである。

また、その後に**【牛馬がいない】**と書いているが、九州や本州にはいた。日向の古墳から馬具（特に金銅製は国宝、図19右）が出土し、牧場の跡が宮崎県の跡江《あとえ》遺跡から発掘されているが、馬具も牧場も群馬をはじめとして全国規模に及んでいた。

日本書紀には、推古天皇が蘇我馬子へ「馬ならば有名な日向の馬、太刀ならば有名な呉国の真刀だ」と言ったと記録がある。したがって、古代から牛馬は倭国（邪馬台国）にはいたが、琉球にはいなかった。

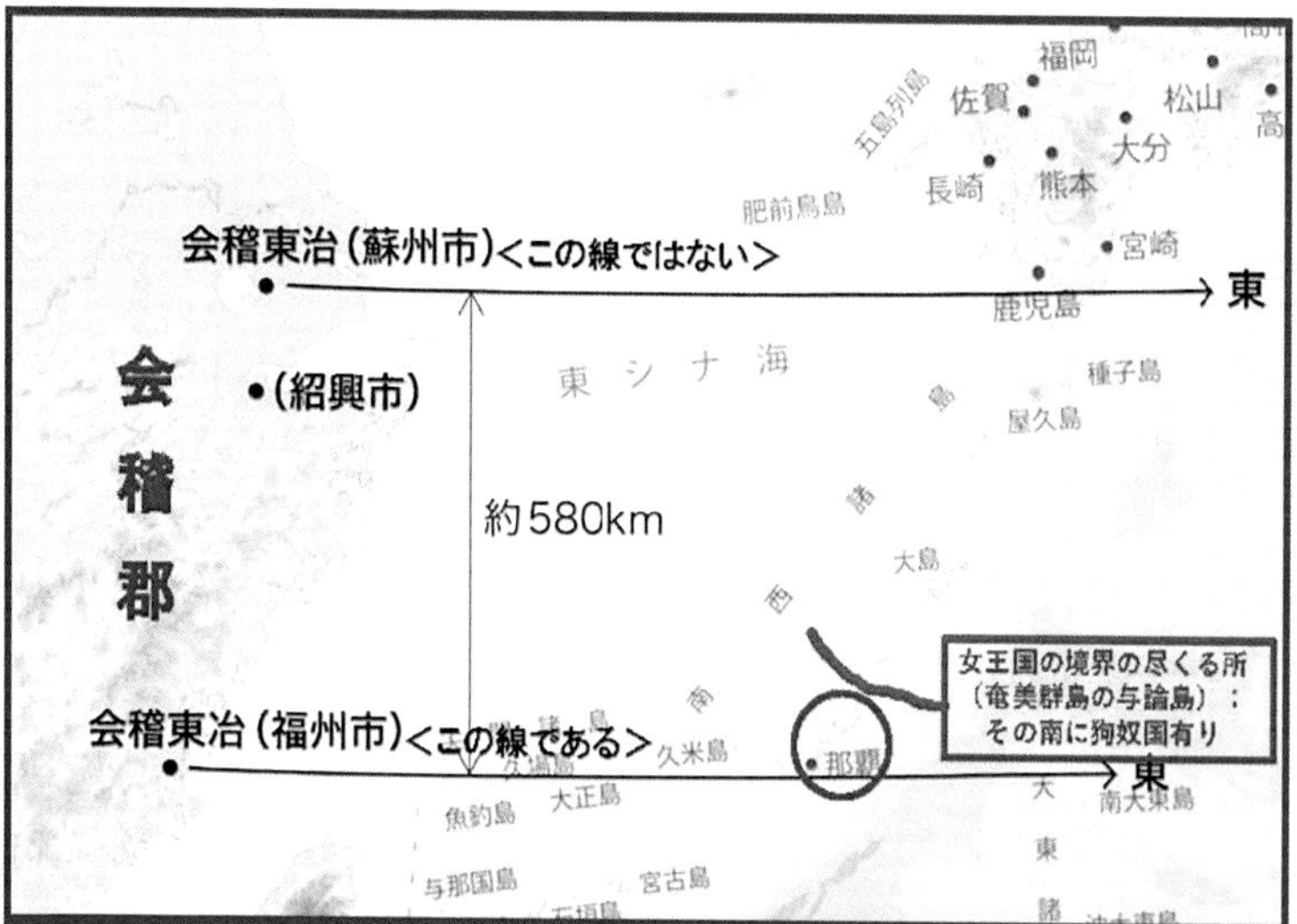

図20　その道理を計るに、当に会稽東治の東に在り：
狗奴国（琉球）は会稽郡の東治（福州市）の東にある。
会稽東治（今の蘇州市）と読み違えてはならない。

https://zikanwakaran.jp 由来タイムより引用して改変

16．狗奴国の道理――会稽東治《かいけいとうや》の東

「倭人伝」**【其**（狗奴国＝琉球国）**の道理を計るに、当《まさ》に会稽東治**（会計郡福州市）**の東に在り】**（図20）。会計郡東治（今の福州市）を会稽郡東治《とうち》（会稽郡蘇州市）と勘違いしてはならない。東冶と東治の違いである。

※「倭人伝」の帯方郡から邪馬台国および狗奴国までの地理・行程の説明は、ここで終わる。

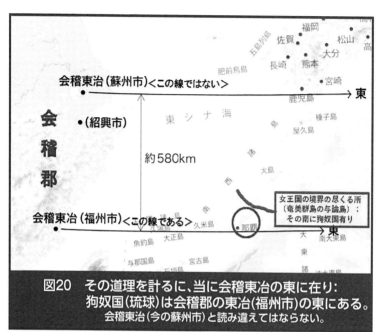

「倭人伝」では、ここ（琉球国）まで倭国関連の地理を述べているのだから、**邪馬台国の所在地を比定**する場合、まずここまでの**全体的地理・行程に合理性があることが必要である。次に、他の国々や後述する風俗などと整合性があるかどうかを検証することも肝要**である。

すなわち、**全体の地理と細部の風俗・文化との整合性がある事が必須である。**多くの本はそれがなされずに、自分の行程・地理説に都合よく邪馬台国を推定して事足れり、としている著者が多いように思われる。

17. 倭国以外の東夷の国の文明開化

ここで改めて、「倭人伝」に記載されている東夷七ヵ国の中の倭国以外の国々の文明開化はどうだったのだろうか。

BC一〇〇年前後、前漢の武帝がシルクロードを支配した頃から北東アジア全体の交流が活発になり、朝鮮を経由した文明（水田耕作、灌漑、鉄器、養蚕・絹織物、甕棺墓制など）が北部九州の筑紫の国に伝わった。

ＡＤ五七年には筑前の奴国が金印「漢委奴国」を授与されたが、それは最初の文明が日本列島に伝わってきた出雲・日向の時代より数百年遅い時代の時である。

意外に朝鮮経由の文明となると時期が遅く、期間が短い。

朝鮮半島には韓民族がいたが、「倭人伝」のころは、馬韓《ばかん》、辰韓《しんかん》、弁韓《べんかん》、そして狗耶韓国と分立していて、倭国より統一が遅く、早くから中国文明を摂取していた訳ではない。

またこの頃は北方陸地の北朝鮮から南満州地域は、他の異民族が跋扈し、戦闘状態だったので、中国の文化が陸続きに入ってこれなくなっていた。

本格的には、応神天皇の三八〇年頃から遣隋使派遣前（六〇〇年）の約二〇〇年間と短い。その後、六六〇年の百済滅亡からは王族・貴族・職工人の渡来が相次いだ。

したがって、既述の草原の道も朝鮮半島経由ではなく、蒙古⬇北満州から直接または朝鮮半島東岸の沿岸航行で、出雲と交流して出雲王国の早い文明開化を促した。

その出雲ルートは、後の奈良時代の渤海国と出雲をはじめとする裏日本との正式な交易が活発に行われた記録と符号する（図４参照）。

一方、近年、長江中~下流域は黄河文明より早く文明が開いていたということが分かってきた。

その下流域の江南地方は、民族が漢人とは異なるモンゴロイド系で、水田稲作、養蚕・絹織物、鉄器制作（兜、短鎧《たんこう》、直刀などの武具や農・工具類など）を生業とし、東方の琉球・奄美諸島との交易も活発であった。それを後押ししたのが、琉球・奄美諸島から日本列島を貫く黒潮と偏西風であった。

こうして、長江の江南地域の文明は南九州に到達し、山川、指宿、錦江湾奥の国分、さらに薩摩半島の万之瀬川入江港、東海岸の大隅半島の志布志湾岸沿いの港や串間、油津、日南、宮崎などの良港が、その窓口になった（海上の道：図6参照）。

少し遅れて九州西海岸、中でも有明海航路（貝の道）が発達して西九州への海上の道が完成し、後に「記・紀」神話の中に南方文化と一緒に運ばれてきたものもある（例えば、火中出産、海幸・山幸の争い、鳥萱《うがや》で葺《ふ》いた産屋《うぶや》、人と鮫との異種婚など）。

第二章

出雲の国と邪馬台国

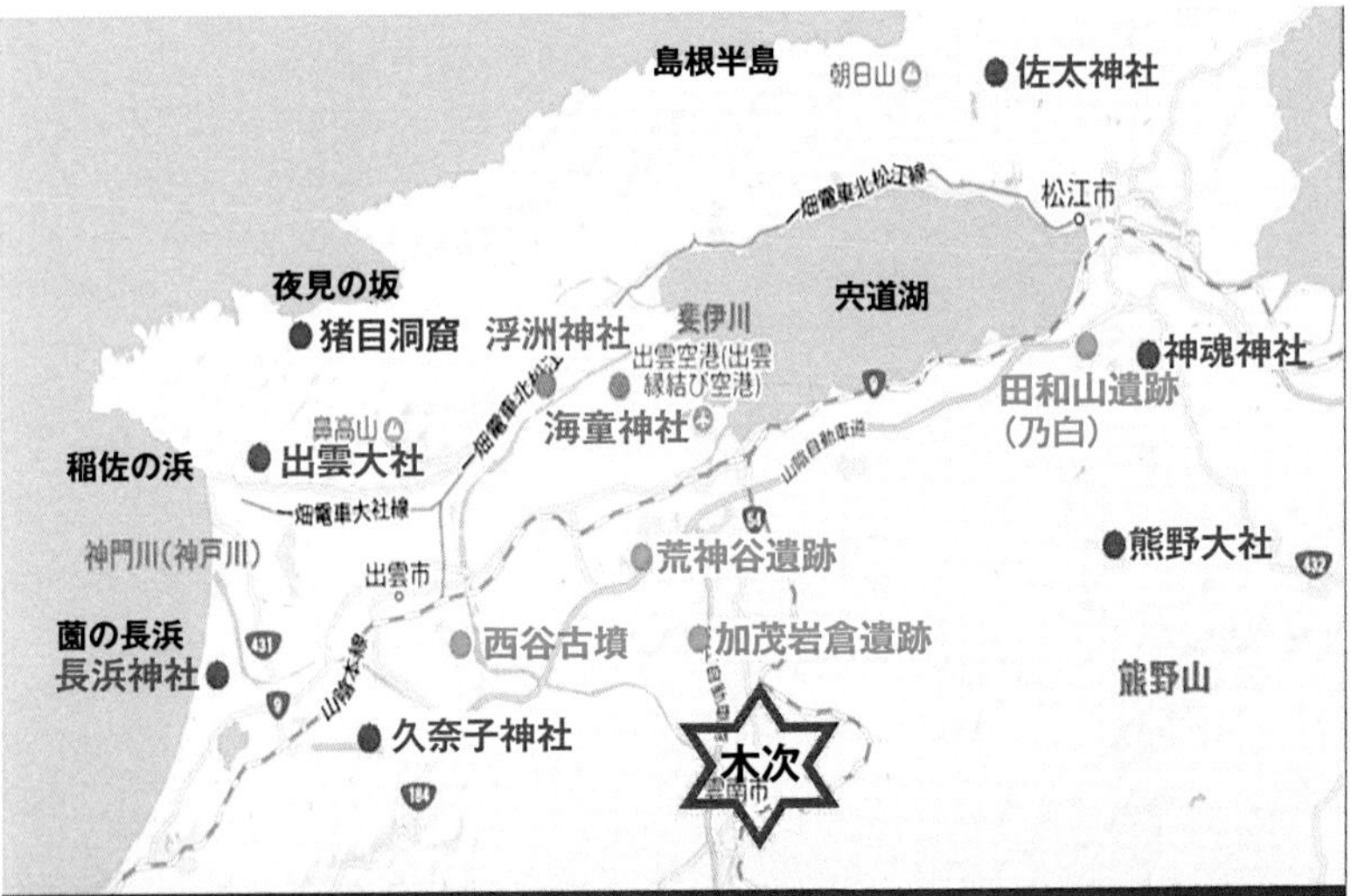

図21　日本国の始まり：出雲の木次事件

https://kojindani.jp より引用・一部改変

1. 日本国の始まり（出雲の木次《きすき》事件）

出雲国・沼田《ぬた》郷の郷士・素戔鳴《すさのお》が、ＡＤ一四二年ごろ、出雲随一の豪族ヤマタノオロチを倒した時（木次事件、図21）が日本国の始まりといえよう（「記・紀」では素戔鳴の神話の八岐大蛇治《やまたのおろち》退治に造作してある）。

今から縷々述べていくが、日本建国の祖は、歴史的には素戔鳴である。ただし、「記・紀」神話においては、素戔鳴は出自からして全く異なる悪役として登場してくる。

すなわち、「記・紀」神話の造作は素戔鳴の出自から始まっている。

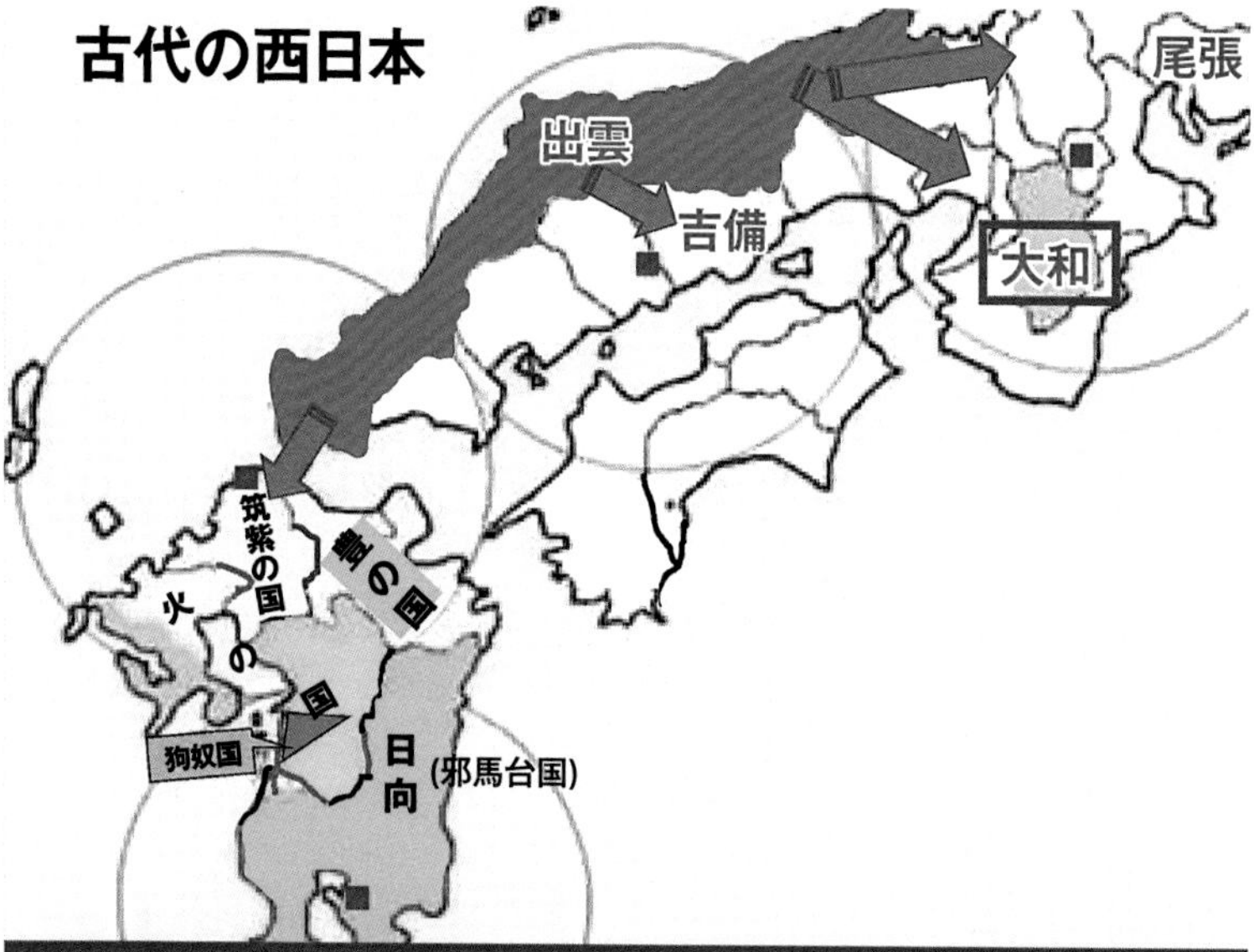

図22　古代の西日本出雲王国の勢力

https://blog.goo.ne.jp より原図引用して一部改変

日本列島の弥生時代後期は、水の湧き出る盆地や台地を貫流する川の傍に集落ができて、そこに長《おさ》がいるというかたちで、全国(特に西日本に)に**点**として存在していた。

その**点（集落または国邑）**を次々に束ねて**面（国）**にしていった最初の人物が出雲の国の素戔嗚であった。

2. 素戔嗚

木次事件後、素戔嗚（三五歳ごろ）は名だたる美女（稲田姫）と鉄の鉱山（たたら製鉄）を手中にして、出雲をはじめとする山陰・北陸地方では、頭領と仰がれるようになった。素戔嗚が四〇歳ごろ、山口や丹

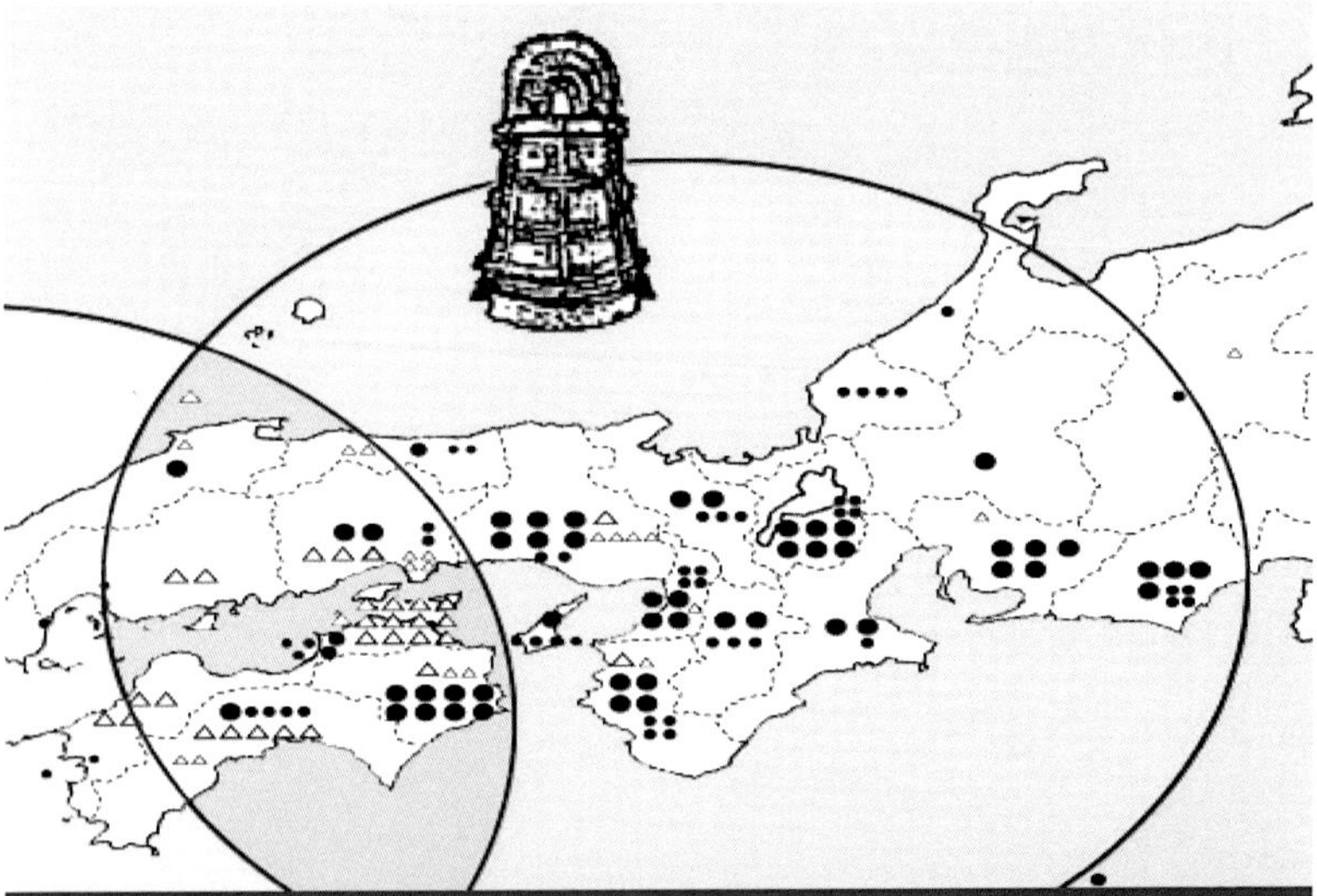

図23　出雲王朝の銅鐸信仰圏

井上光貞著『日本の歴史』神話から歴史へ　より引用

波、越前、加賀、能登へ侵攻。大和、尾張、吉備、九州もうかがうほどであった（図22）。

3. 銅鐸信仰や四隅《よすみ》突出型墳丘の伸展

同時に、出雲特有の祭祀器である銅鐸の伸展（図23）や、墓制の方墳と特異的な四隅突出型墳丘（図24）も浸透していった。

銅鐸と四隅突出型墳丘の分布は、おおむね重なっており、そこが出雲王国であった。

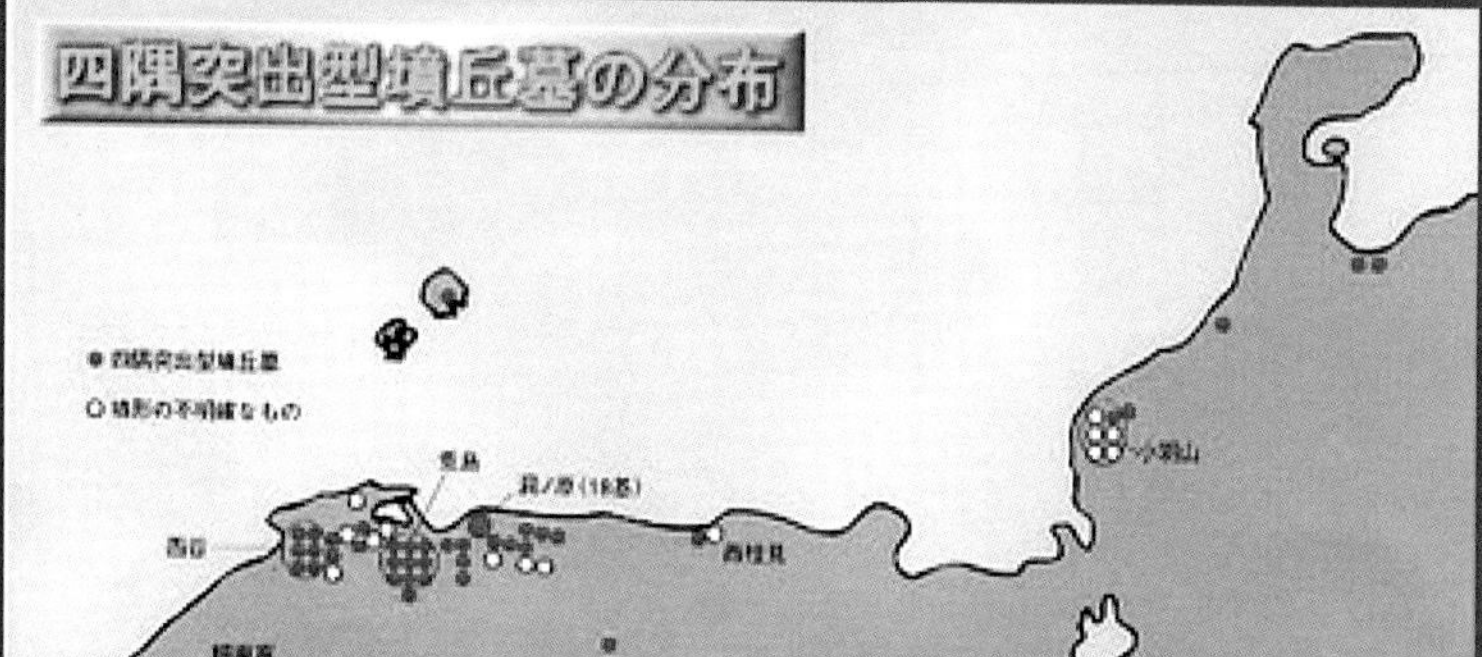

図24　出雲王朝の特異的な四隅突出型墳墓と、その分布

井上光貞著『日本の歴史』神話から歴史へ　より引用　　xhimiko.com より引用

4. 卑弥呼の誕生とその資質

卑弥呼は、ＡＤ一五三年ごろ、「日向の橘《たちばな》の小門《おど》の阿波岐原《あわきばる》（現存、図25）」で、豪族イザナギ・イザナミの娘として誕生した。（「記・紀」では神話に造作してある）。素戔嗚より三五歳くらい若かった。卑弥呼は、相当に男まさりで利発。他に子どももがいなかったので、イザナギは自分の跡目を卑弥呼に託した。卑弥呼はシャーマン的要素も持っていただろうが、決して妖しいシャーマンだけではなかった。

「倭人伝」によれば、**【（卑弥呼女王）鬼道に事《つか》え能《よ》く衆を惑わす～】**、と。

日本では、太古から森羅万象に神が宿り、神を奉斎《ほうさい》する巫女というものがあり、そのミ・コという神職を耳にしていた陳寿が、女王「ヒミコ」と聞いて、中華思想を働かして、この蔑視卑字六文字「事鬼道能惑衆」をヒミコの説明として書き加えたのだろう。

この辺りは、中華思想が周辺の異民族を説明するときのいい加減な蔑視卑字の表現である。

「鬼神・鬼道」も卑字で、東夷の烏丸の国では「鬼神を敬い、天地日月、日辰、山川などを祭る」などと、他の東夷の宗教にも多く使われている。

図25「日向の橘の小門の阿波岐原（近くに江田神社が鎮座）

著者撮影

また、前漢崩壊時の貧民層の新興宗教を「鬼道《きどう》」と蔑《さげす》んだりしている。さらに初期道教も、権力者側から「鬼道」と呼ばれていた。

卑弥呼も同様で、単に妖術や呪術を行うシャーマン的巫女では共立国は治められない。女王は女王らしい胆力、判断力、指導力があってこそ女王である。魏志倭人伝では前述のとおり、ときどきいい加減な記述があるので、それは分かっていて読む必要がある。

図26　出雲騎馬隊と素戔嗚尊の九州平定

イメージ図 Wikipedia より

5. 出雲騎馬隊と素戔嗚の九州平定

ＡＤ一七三年ごろ、素戔嗚は五〇歳を過ぎ、第五子の大歳（後の饒速《にぎはや》日《ひ》）を伴い、九州へ遠征（後漢書によれば「桓・霊帝時、倭国乱れる」、梁書によれば霊帝の時代一七八－一八三倭国大乱、に相当）。日向の国は、山川、国分、志布志、油津、宮崎、他が江南からの窓口になって長江文明が早くから伝わり、出雲に次ぐ先進国になって、いわゆる弥生後期文明を謳歌していた。

しかし、勇猛果敢な素戔嗚に率いられ、満州・蒙古由来の攻撃性の強い鉄兜、鎧、鉄刀を纏った騎馬隊には、防御中心の環濠集落は戦うまでもなく、次々に素戔嗚に平定されていった（図26）。

6. 素戔嗚の九州平定と邪馬台国建国

出雲の国は、もともと有名な斐伊《ひい》川の砂鉄を用いた、たたら製鉄と鍛冶が盛んであった。特に現在でもたたら製鉄から得た玉鋼《たまはがね》による日本刀作りは盛んである。

このたたら製鉄と鍛冶をはじめとする製鉄技術は、前述した草原の道の蒙古・満州経由から渡ってきたものである。

鉄兜、鎧、鉄刀などの武具、馬具、工具、農具などの鉄製品は、あえて朝鮮半島南部まで鉄取引に行かなくても、自前のたたら製鉄で作り、出雲の国は倭国のどの国よりも早くから鉄製品を作っていて、周辺国を圧倒していた。

AD一八〇年、当時倭国と呼ばれていた九州の国々は戦わずして素戔嗚の軍門に下り、素戔嗚は弥生時代を謳歌していた日向の**西都**《さいと》に都を置き（**邪馬台国の建国**）、九州を七～八年間統治した。

（「記・紀」では、素戔嗚は神話に出てくる悪役に徹底して造作されている！）

ところで、私が渉猟しえたかぎりでは、推測ではなく古文書・系譜などの具体的資料を基に、明確に、「**邪馬台国は出雲勢力の立てた国である**」と明言された研究者は二名おられる。原田宗治《はらだつねじ》氏（明治三六年生）と村井康彦《むらいやすひこ》氏（昭和五年生）である。ご両名の細部においては齟齬をきたしている箇所もあるが、帰結するところは一致しておられる。

原田氏は、主に「記・紀」編纂以前の全国の神社などの古文書と系図を中心に、村井氏は国庁神社、惣《そう》社の実態と役割、神話の発掘を通して、「邪馬台国は出雲勢力の立てた国である」との結論に至っておられる。

その共通する探究方法で特筆すべきは、著書に書いてある全国の神社・遺跡は、古文書などに照らして、ほとんどすべて自分の足と目で確かめられて結論を導かれた敬服かつ驚嘆すべきエネルギーである。

7. 出雲の国と馬との関わり

出雲の出雲井神社の宮司「富」家の語部《かたりべ》に、代々伝えられている伝承に、「素戔嗚が馬を駆って、出雲を制圧した」、という件《くだり》が見られる（吉田太洋：謎の出雲帝国）。

古事記の上つ巻では、「素戔嗚が機織女のいる部屋へ、皮を剥がされた馬を投げ入れた」という神話はよく知られている。

大国主（素戔嗚の末子相続人須世理《すせり》姫の婿養子＝後述）は片手を馬の鞍に掛け、片足を鐙に入れて、次の歌を詠まれた……、などのように、古代の記録の中に、馬との関わりの話がよく出てくる。

このように、出雲は他の国に先駆け、牧場で馬を飼い（出雲に牧場跡も発掘されている）、鉄制武具を作り騎馬隊を編成していたものと思われる。

8. 素戔嗚の人物像

素戔嗚の実像は「記・紀」神話の造作された素戔嗚とは全く異なる！

出雲の郷士（豪族より低い身分）出身。素戔嗚は素晴らしい魅力のある男性で頭脳明晰、勇猛果敢であった。

一四二二年出雲随一の豪族ヤマタノオロチを倒した（木次事件）後、本拠地の出雲、占領地の北

図27　宗像神社（3女神が祭神）

wikipedia より引用

陸・九州全土（図22参照）で善政を敷き、多くの人民から仁慈の名君と慕われた。

素戔嗚尊に始まる出雲王朝は、銅鐸信仰と墓制の方墳（四隅突出型方墳に発展）という宗教で、ほぼ西日本一帯は緩やかに結びついていた（図23、24参照）。

※しかし、その後、「出雲の国譲り」という悲惨なドラマが待っていた。（後述）

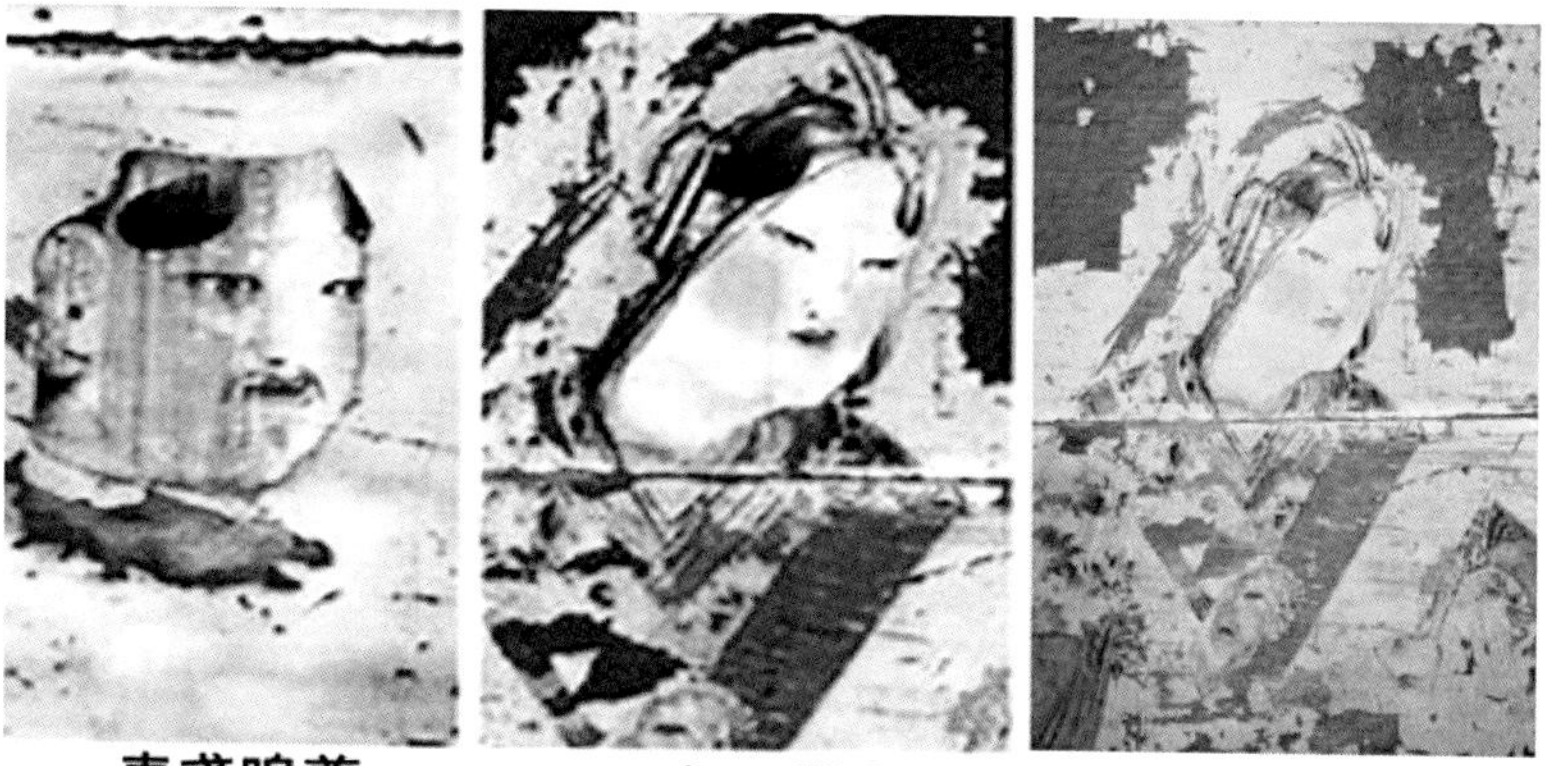

素戔嗚尊　大日霊女　市櫝島姫

図28　出雲の八重垣神社の巨勢金岡筆とされる壁画

blog.livedoor.jp より引用

9. 卑弥呼と素戔嗚の関係

一七三年、九州侵攻のとき、素戔嗚五五歳、卑弥呼二三歳（既に子どもが二人あった）。

卑弥呼の方から勇猛果敢な素戔嗚に接近していって同居した模様（ローマのシーザーとエジプトのクレオパトラに似たパターン）。

そして、現地妻のかたちで三人の女子：多紀理《たぎり》姫、多岐津《たぎつ》姫、厳島《いつくしま》（市杵嶋《いちきしま》）姫をもうける。

約五〇〇年余り後の「記・紀」でいうところの宗像《むなかた》三女神である（図27）。

その後、三女神を祀ってある神社は宇佐八幡宮、春日大社（奈良）、平野神社（京都）、香取神宮（千葉県）など、全国で一一七社もある。いかに素戔嗚一族が人民に慕われていたかが分かる。

図29　熊野大社の石碑（左）と鳥居（右）

kumanotaisha.or.jp より引用

その後、素戔嗚は「邪馬台国」をはじめとする九州を七〜八年間統治後、出雲に戻った。**【出雲の八重垣神社には、素戔嗚尊・大日霊女《ひみこ》尊**（後述）**・末子相続人の市杵嶋《いちきしま》**（厳島）**姫の壁画が残っていて、皆、幸福そうである**（図28）。**】**壁画だから時代を経て、剥がれている。

10. 神素戔嗚尊《かみすさのおのみこと》と熊野大社

素戔嗚は約八年間の九州統治後、出雲に戻って正妻・櫛稲田《くしいなだ》姫との間に儲けた末子相続人・須世理《すせり》姫を残して、六三〜六四歳ごろ亡くなり、出雲の熊野大社に祀られ、神と崇められた（神素戔嗚尊《かみすさのおのみこと》、図29）。

このように倭国では、古代から英雄や偉人が亡くなると、神社の祭神として祀る習いがある。

※著者注

①モンゴロイドの相続は、伝統的に男女に関らず末子相続であった。末子相続は男女いずれでも権利は同格である。

出雲は北方モンゴロイドで日向（邪馬台国）は南方モンゴロイドである。同じ民族ということが、後の「出雲の国譲り」や「神武東遷」に大きな影響を与える！

②出雲の国は、もともとは巨石信仰や磐座《いわくら》信仰などの自然祭祀が行われていた。これもモンゴルから持ち込まれたもののようである。

というのは、モンゴル平原は一面の緑の草原か一部の砂漠である。ここで亡くなれば、まず土葬されるが、何か墓標を立てようとすれば、見えるのは屹立する大石か散在する丸石しかない。

そこから巨石信仰や磐座信仰を神聖視（自然信仰）するようになったのだろう。

それが出雲に持ち込まれてしばらくは、出雲の国でも自然信仰だったが、仏教の寺院信仰が浸透しだすと、自然信仰も社殿（神社）信仰へと変容したようである。

同じようなことが人名でもみられる。素戔嗚の父親➡素戔嗚➡大歳（饒速日）は、フツ➡フツシ➡フル、大国主はミククルというモンゴル名も持っていて、それが大和盆地の地名や神社・川の名前などとして残っている。

11. 大国主尊《おおくにぬしのみこと》と多紀理姫（通称：木花咲耶姫《このはなさくやひめ》）

素戔嗚の末子相続人である須世理姫は大国主（出自不詳）と恋愛で結ばれ（入婿）、大国主尊が山陰と九州の広域を統治することになった。

大国主尊は色白・ハンサムで記紀神話と異なり、政治・外交は好きではなく学者風であったとされる。

そして、日向では、素戔嗚尊と日霊女《ひみこ》の長女：多紀理姫（通称：木花咲耶姫）が成長して、大国主尊が日向に統治に来たとき、日向妻として同居するようになった。

この多紀理姫が大国主尊の末子相続人に当たる事代主《ことしろぬし》をもうけた。後の「出雲の国譲り」という相続争いのもとになった。

大国主にとって、出雲にいる正妻の須世理姫は、神君・素戔嗚の娘という遠慮があったし、同じく相続人の息子の武御名方《たけみなかた》（後の国譲りのとき、日向軍と戦って敗れ諏訪へ逃亡➡諏訪大社に祀られる）は剛毅な気性で素戔嗚似だったので近寄り難かったらしい。

他方、日向において、日霊女は良くできた娘婿として大国主尊を歓待したようである。

図30　大国主尊とその墳墓：常心塚方墳(西都原171号)

wikipedia より引用

図31　大国主を祀った都農神社(日向一の宮)

wikipedia より引用

図32　都万神社（祭神は多紀理姫＝木花咲耶姫）

Kanko-Miyazaki より引用

大国主は四〇歳を過ぎても、多紀理姫と可愛い三人の娘のいる日向の温暖な九州統治生活が気にいったようである。

AD二一五年、大国主は本家本元の出雲に帰らず（これは異例！）、西都の多紀理姫の許で亡くなった（五五歳ごろ）。

日霊女はこの娘婿のため、西都原に異例の出雲式の方墳（いわゆる常心塚古墳）を造営して葬った（図30）。

さらに、西都から出雲への通路に当たる今の都農《つの》町に、大国主のために都農神社（日向の一の宮）を建立して祀った（図31）。

さらに後、多紀理姫は都万《つま》神社に祀られた（図32）。

図33　福岡県糸島市　平原１号古墳

wikipedia より引用

12. 卑弥呼女王の誕生

卑弥呼の長女多紀理姫が、大国主尊の日向妻として末子相続人の事代主を儲けたが、事代主があまりにも幼年だったので、卑弥呼は、なるべくして共立されて、名実共に邪馬台国の女王となったのである（即ち、卑弥呼女王、の誕生！）。

それは、「邪馬台国」は倭国の盟主であったから、倭国の女王に就任したことにも繋がる。

ところで、鹿児島大学の中村直子教授によれば、このころの南九州の墓制の父系化は、それほど顕著ではなく、父系・母系と半々ぐらいであったという。

ということは、女性の首長は決して稀でなく、

図34　武御名方は追撃され、諏訪に封じ込まれた（出雲の国譲り）

日本神話.com　https://nihonshinwa.com より引用

九州では卑弥呼だけが特異的女性首長であったわけではないと思われる。

その一例として、福岡県糸島市の有名な平原1号墳（図33）は女性用の副葬品が多く、被葬者は当地の女性首長と考えられている。

13. 西日本の出雲王朝

素戔嗚尊七～八年、大国主尊の三〇年余を合わせて、約四〇年間、出雲を含む山陰と九州は出雲王朝の統治下にあり、かつ善政が行われ人民からも尊崇された。

そのため、西日本の多くの氏神は、素戔嗚をはじめとする出雲系で、八坂神社、牛頭《ごず》神社、大国神社、南方神社、九玉《くだま》（興玉《ごうだま》）神社、熊野神社などの祭神として祀られている。

ちなみに九州の最南西端の坊津町五集落の神社の氏神様（祭神）は、すべて出雲系の猿田彦大神である。この地域まで邪馬台国（出雲系）の統治が及んでいたのである。

14. 出雲の国譲り

（穏便に神話化されたが、実際は熾烈な統治権争い

ところで、卑弥呼女王は、日向の事代主と母親の多紀理姫に日向軍団（武御雷《たけみかずち》、天児屋根《あまのこやね》、経津主《ふつぬし》の三武将と多数の武人）を率いて出雲に乗り込ませ（日霊女女王の政略による）、領土を末子相続人の事代主に渡すように迫る。

しかし正妻側（素戔嗚の末子：須世理姫の、さらにその末子相続人：武御名方《たけみなかた》）は認めなかったので、熾烈な戦いになった。

結局は、武御名方は敗れて、さらに追撃され、信濃の諏訪（当時の出雲王朝の東端）へ逃亡し、そこで捕まった（図34）。

「終身、諏訪から出ない。また出雲の祭祀銅鐸と銅剣は廃棄し、墓制の四隅突出型古墳は造ら

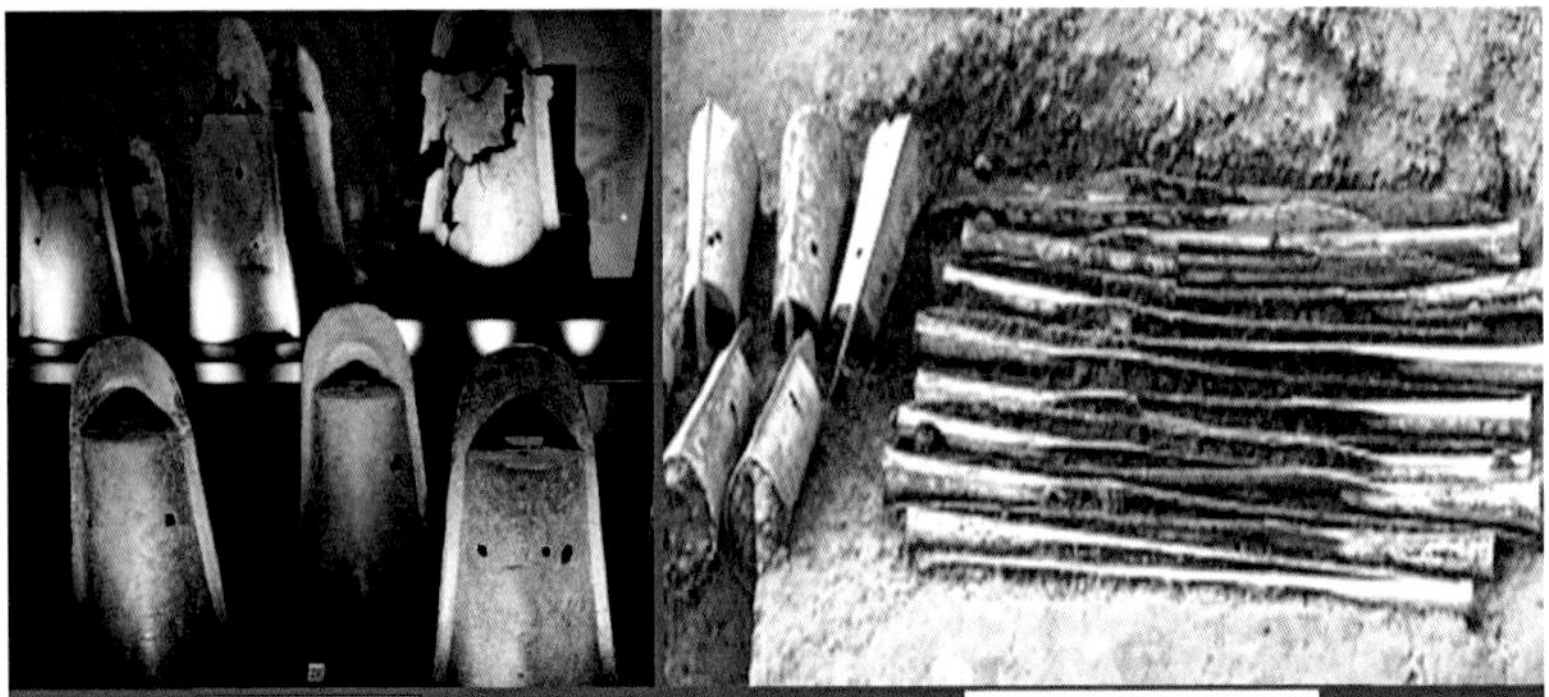
銅　鐸
銅鐸 と 銅剣
島根県立古代出雲歴史博物館
図35　荒神谷遺跡と加茂岩倉遺跡に、埋納されていた銅鐸と銅剣

izumo-kankou.gr.jp より引用

ない」と誓い、ようやく許された。

15. 荒神谷遺跡と加茂岩倉遺跡

近年、出雲の荒神谷遺跡と加茂岩倉遺跡から注目すべき埋納物が発見された。

多数の銅鐸と銅剣である。特に銅鐸は出雲王朝独特の祭祀器で、山陰・吉備・大和・尾張を中心にかなり広範囲に浸透していた。

特に丁寧な埋納が目を引くが、それは出雲王朝の創始者：素戔嗚尊へのリスペクトが感じれる（図35）。また銅剣の一部には×印が刻んであった。埋納者の強い怨念がみてとれる。当時は、既に怨霊思想が浸透しており、これは後々まで尾を引くこととなる。

発掘物から復元された古代の出雲大社

現在の出雲大社　拝殿

図36 古代と現在の出雲大社

wikipedia より引用

例えばその後、怨霊除けの為、大和政権により出雲大社や諏訪大社が建立された（図36）。

以上がＡＤ二三〇年頃の熾烈な統治権争いの実態である。勝ち組の皇統譜を引く「記・紀」の編纂者らは、それを穏便な「国譲り」神話に仕立てた。

また「記・紀」編纂後、鎮魂（素戔嗚命と大国主命への怨霊除け）のため、荘厳な出雲大社が大和政権により建立された。

第二章

出雲の国と邪馬台国の大同団結＝大和王権の誕生

1. 日霊女女王の魏国との外交

「倭人伝」によれば、**【景初二年**（二三九年）**六月、倭の女王、大夫難升米《なんしょうめ》らを遣《つか》わし、京《けい》都《と》＝魏の都：洛陽に詣《いた》らしむ】**。

【親魏倭王卑弥呼に制昭《せいしょう》す（皇帝の親書を渡す）**】**

明帝の親書をして倭の女王に曰く、**【今汝を以って親魏倭王と為し、金印紫綬を仮し、**（中略）**金八両、五尺刀二口、銅鏡百枚、**（中略）**を賜り、**（中略）**故に鄭重に汝に好物を賜うなり】**

遠国の女王国が忠節を誓って、はるばる洛陽まで訪ねてきたことを、明帝が非常に喜び、使者を饗応し、帰りには持って行った贈り物の何倍もの下賜品を持たせた。

ただし、銅鏡百枚はよくいわれる三角縁神獣鏡ではない。三角縁神獣鏡は、今までに五〇〇面以上出土し、すべて倭国製。中国製は一枚も発見されていない。内行花文鏡説が強く浮上してきているが、判然としない。

すくなくとも三角縁神獣鏡の呪縛から脱するべきだと思う。

2. 大和へ侵攻した 大歳《おおとし》➡饒速日尊《にぎはやひのみこと》➡天照国照大神《あまてらすくにてらすおおかみ》

大歳は素戔嗚の五男で、素戔嗚と九州平定を行い、武勇の誉れと称えられた。その勢いで素戔嗚の指令により多くの有能な武将と共に大和平定に向かった。

大和では、大歳の九州平定時の武勇を聞いていた有力豪族・長髄彦《ながすねひこ》と意気投合し、その妹の三炊屋《みかしぎや》姫を娶り、大和を無血平定することができた。この時に**饒速日尊**《にぎはやひのみこと》と改名。

その後、約三〇年間、大和の最初の統治者（大王）となり善政を行ったので、崩御後は支配者層のみならず人民からも**天照国照大神**と尊崇された。

天照国照大神の崩御後、末子相続人は幼い伊助依《いすけより》姫だったので、長男の宇摩志麻治《うましまち》命が政務を代行することになった。

約五〇〇年後の「記・紀」編纂者と指導者（出雲の国譲りの勝ち組でもある日向系＝神話の天孫系）が、最初の国史である「記・紀」に天孫族一系を確定するため、この出雲系の最初の大和の王である饒速日尊を歴史から消そうと、神話を造作したり、神社の古文書や系図を没収したり、全国の祭神の名前を変えさせたりと、苦心惨憺した。

出雲系の大和統治二代をまとめれば、

初代：饒速日尊＝天照国照大神（出雲・蒙古系の名前は布留《ふる》）、約三〇年間。

二代：幼い伊助依姫の代わりに長男・宇摩志麻治命が政務代行、約二〇年間。

（後述するが、三代は、出雲と日向の政治的大同団結―日霊女女王の采配―が成り、日向の神倭磐礼彦《かみやまといわれひこ》が大和の伊助依姫の婿養子に入って**（神武東遷）**、神武即位が成立した）

3．大和の三大古社

大和の三大古社と呼ばれる神社は、大神《おおみわ》（三輪）神社（図37）、石上《いそのかみ》神宮、大和《おおやまと》神社で、いずれも饒速日大王（天照国照大神）が祀られている。

さらに、大津の日吉神社、京都の上賀茂神社、和歌山の熊野本宮神社など日本有数の由緒ある古社も、その主祭神が出雲系である。

図37　饒速日大王＝天照国照大神を祀る磐座様式の三輪山

なら旅ネット 奈良県観光［公式サイト］より

大和王朝の本貫地に、統治権争いを繰り広げた相手（出雲系）を祀った神社が数多く残っている。それほど、当時は出雲系の善政と怨霊思想は、既に人民にも浸透していたのである。

4. 偉大なる大和の初代王、天照国照大神の陵墓

ところで、偉大なる大和の初代王、天照国照大神の陵墓は、どこにあるのか？

奈良寺社ガイド・ボランティアの熱心な調査によれば、生駒山の山中にあると聞きつけ、生駒山中を苦労して探し回っ

生駒山中の饒速日尊＝天照国照大神の磐座とされる　〈奈良寺社ガイドより引用〉

箸墓古墳（最古級最大の前方後円墳）

図38　大和初代大王：天照天照大神の陵墓はどこにあるのか？

左：奈良寺社ガイド より引用

た所、この磐座《いわくら》にたどり着いた（図38左）ということだった。

出雲系の墓制は、元来蒙古平原由来の磐座なので、いかにもそれらしいが、よく考えてみると、支配者層や人民から尊崇され、薨去後は天照国照大神と称えられた偉大な王の陵墓としては、あまりにも質素である。

むしろ、後の「記・紀」編纂者の浅知恵で天照国照大神の存在はあまりにも浸透していたので抹殺するわけにいかず、墓所はこの安っぽい磐座に納めたかったのではないだろうか？

墓所は天照国照大神に見合う陵墓が他にあるのではないか、と言う探究者も多い。

大和最古級の箸墓古墳の被葬者は、

倭迹迹日百襲姫《やまとととひももそひめ》と訳の分からない神話仕立にされているが、私はこの大首長クラスの被葬者は天照国照大神ではないだろうかと思う。

日向の磐礼彦（神武天皇）が大和東遷のときに前方後円墳の完成型を大和盆地に持ち込んだ時代にも符合する。自分の舅でもあり大和の統治権を受け継いだ天照国照大神の陵墓を、尊崇の意を込めて、この箸墓古墳を造営したということが考えられる。

またその当時の首長的人物のうち、神武天皇の陵墓は後述するように別にあるので、天照国照大神以外に該当するような偉大な首長はいない。

いみじくも、倭迹迹日百襲姫の恋人は三輪山の磐座の蛇であったとする婚姻譚神話が、それを暗示している。三輪山の祭神は大物主（饒速日尊）その方である。

5. 神武天皇の陵墓

では、天照国照大神の後に、その末子相続人・伊助依姫の養子となり、王位に就いた神武天皇の陵墓は、柄鏡《えかがみ》式前方後円墳のメスリ山古墳は考えられないだろうか（図39）。

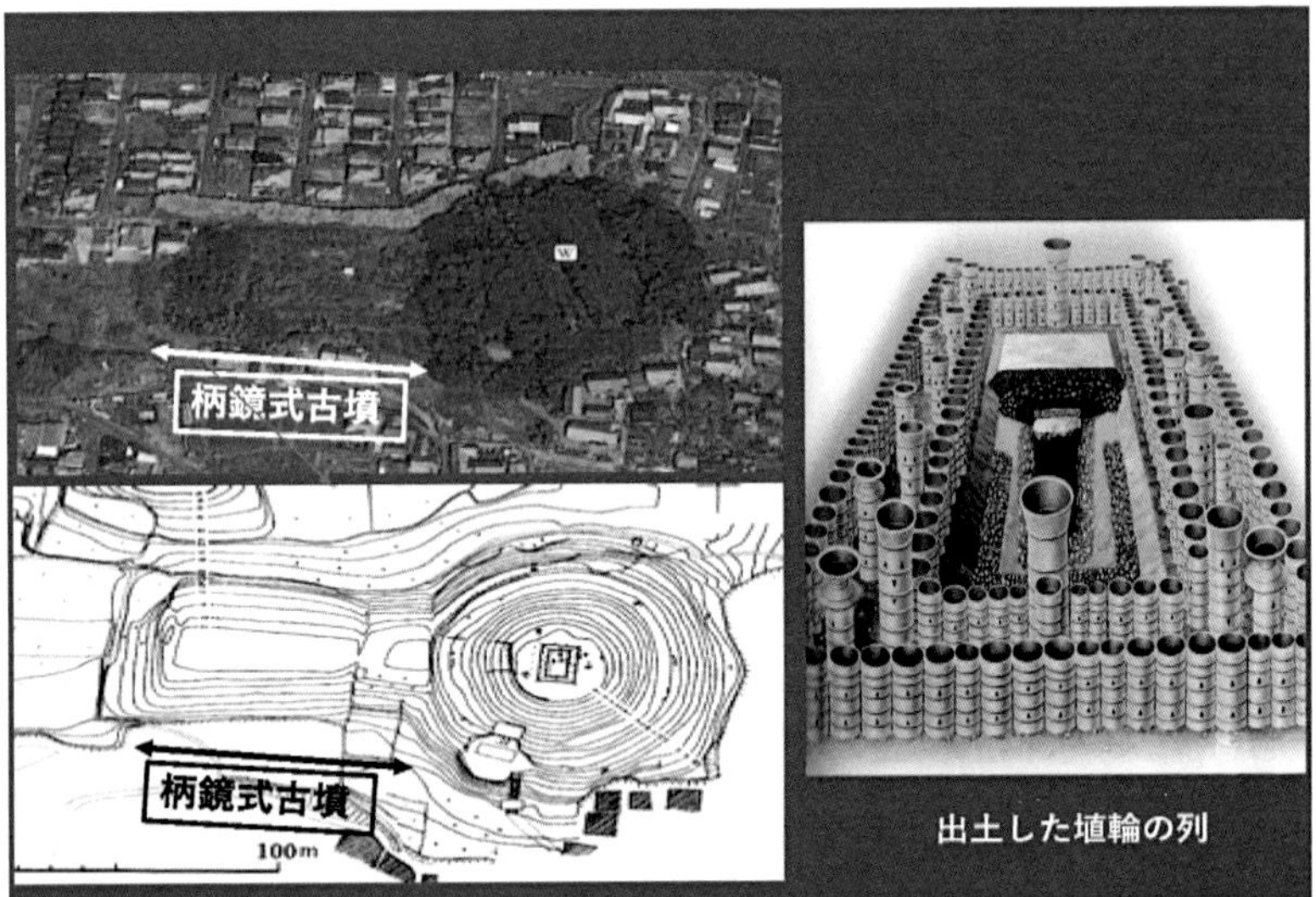
柄鏡式古墳
柄鏡式古墳
100m
出土した埴輪の列

図39　神武天皇陵候補のメスリ山古墳（大和東南部）

https://sakura-kankou.jimdo.com/ より引用

柄鏡式前方後円墳は完成型前方後円墳の出現期前方後円墳と考えられている。

箸墓古墳とメスリ山古墳は、大和政権初期の本貫地、大和盆地の東南部に鎮座している。

メスリ山古墳墳丘長は約二五〇ｍもあり、箸墓古墳よりは短いが一〇代崇神天皇陵より少し長いという出現期の大型の柄鏡式前方後円墳である。

メスリ山古墳の副葬品に豪華な碧玉《へきぎょく》製儀仗《ぎじょう》が、また前例をみない大型の円筒埴輪の整然たる列が見られることなども、初代大和王朝の王を示唆していやしないだろうか。

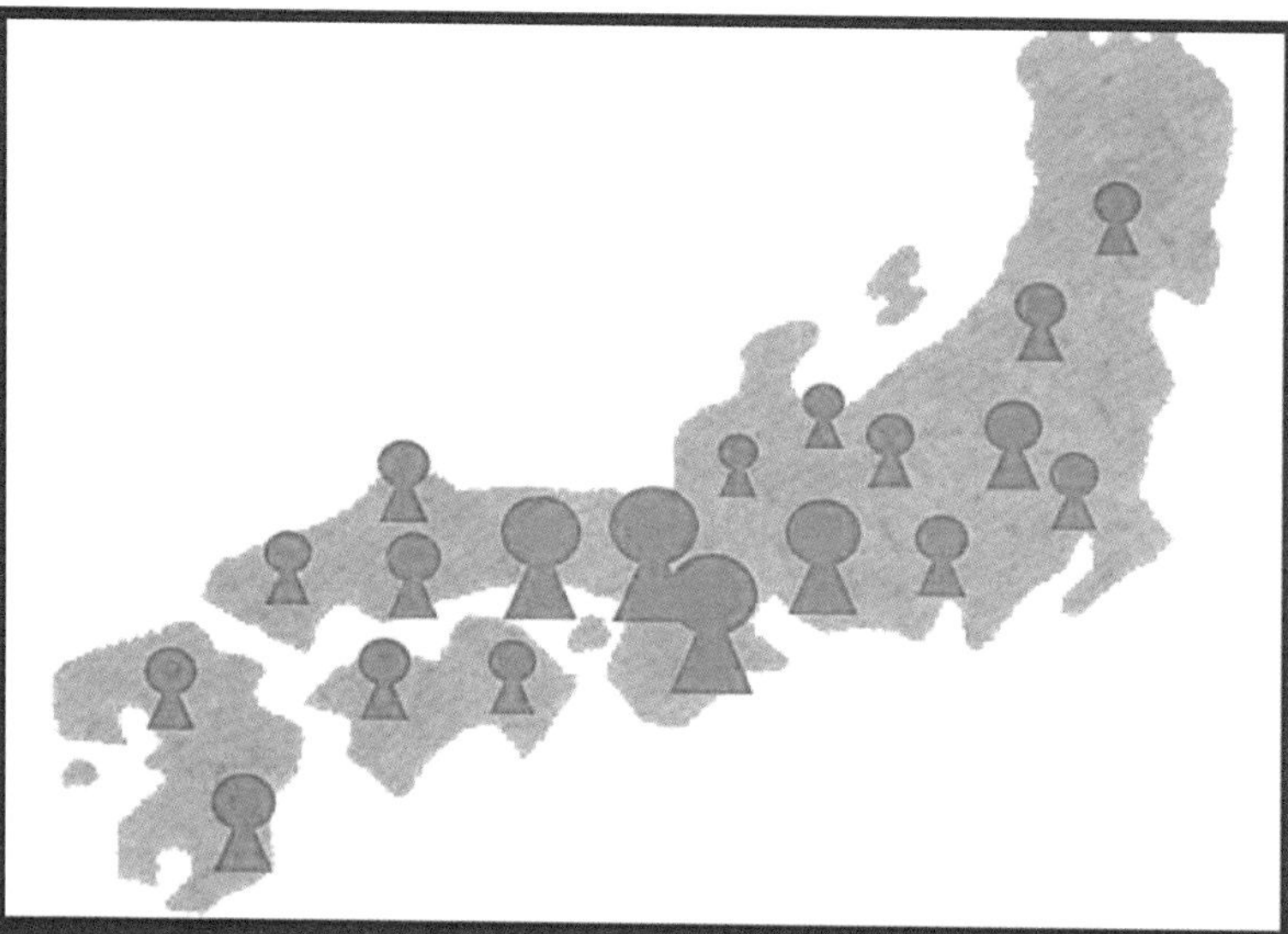

図40　大和王権の前方後円墳の拡散（陸奥から薩摩まで）

リベラルアーツガイド（liberal-arts-guide.com）より引用

6. 前方後円墳（柄鏡式前方後円墳も含む）

日向の墓制は円墳➡柄鏡式前方後円墳➡定型の前方後円墳と発展して、神武東遷（後述）のときに大和に持ち込まれたと思われる。

柄鏡式は、日向に二〇数基以上、大和には数基以下で、しかも本貫地に集中している。

ということは数の多い地域（日向）から数の少ない地域（大和）への流れが想定される。神武東遷のとき、日向から大和に持ち込まれ、大和政権の伸張に伴い、主に完成型の前方後円墳が全国に拡散していったものと思われる（図40）。

図41　日向の最古級の生目一号墳と大和の最古級の箸墓古墳（上）は相似形

土田章夫著『邪馬台国は宮崎市にあった』より引用　　Wikipedia より引用

7. 生目一号古墳と箸墓古墳

また、日向で最古級とされる前方後円墳の生目一号古墳は、大和の最古級の前方後円墳である箸墓古墳と相似形である（図41）のも示唆的である（土田章夫）。

8. 日向系と出雲系の系譜

神武天皇は、天皇は日向系から、皇后は出雲系から立てよと決めて薨去された。これは七代まで守られたことは大神《おおみわ》神社の記録に残っている。そして天孫族の王朝は現在まで続いている。

他方、天照国照饒速日尊（出雲系）の長男

である宇摩志麻治命《うましまちみこと》直系の物部《もののべ》一族の権勢は、それから三五〇年後、物部守屋で滅んだ（五八七年）ことは歴史的によく知られている。

素戔嗚尊から数えて四五〇年後であった。やはり、権力の座に留まっている方が強いと言えるのだろうか。

9. 日向と大和の相続人

ここで、話は前後する。

日向は、日霊女女王が政務的実権を司っていたが、相続人は素戔嗚と日霊女女王の末子・烏萱《うが》草葺不合尊《やふきあえずのみこと》のそのまた末子の神大和磐礼彦《かむやまといわれひこ》である（既婚で一人娘がいたが、この一人娘が後の台与女王となる（後述）。

ちなみに、烏萱で葺《ふ》くとは、我々現代の日本人には違和感を覚えるが、南方にはお産のときに烏《う》の羽を持って（飾って）お産すれば軽くて済むという伝承があるそうで、記紀神話の源流の一端を示す説話である。

一方大和は、饒速日大王の亡き後、長男の宇摩志麻治命が政務代行を行っていたが、相続人は出雲系の饒速日大王末子の伊助依姫《いすけよりひめ》であり、二五歳ぐらいに成長していた。

すなわち、大和は真の統治者が中途半端な状態だったのである。いつまでもこういう状態が続けば国は繁栄しないし、逆に他国からの侵攻を受けないとも限らない。

10. 日向と大和の政略結婚

この日向と大和の相続人同士が結婚することにより、倭国（日本）を統合する、という壮大な政略が図られた。

両者とも出雲（モンゴロイド）の血を引くということが幸いして、双方から根回しが行われた。

そして、双方の合意が成立して、日霊女女王が孫の神大和磐礼彦を伊助依姫の婿養子として大和に送り（**大和東遷**：図42）、王として即位したのは、**辛酉二四一年**であった（**大和王朝建国**）。

このとき、日霊女女王は八七歳ぐらいと推定される。

さて「倭人伝」に戻ると、**【**（卑弥呼は）**年、已《すで》に長大**（高齢）**にして、夫婿《ふせい》なく、男弟あり、**

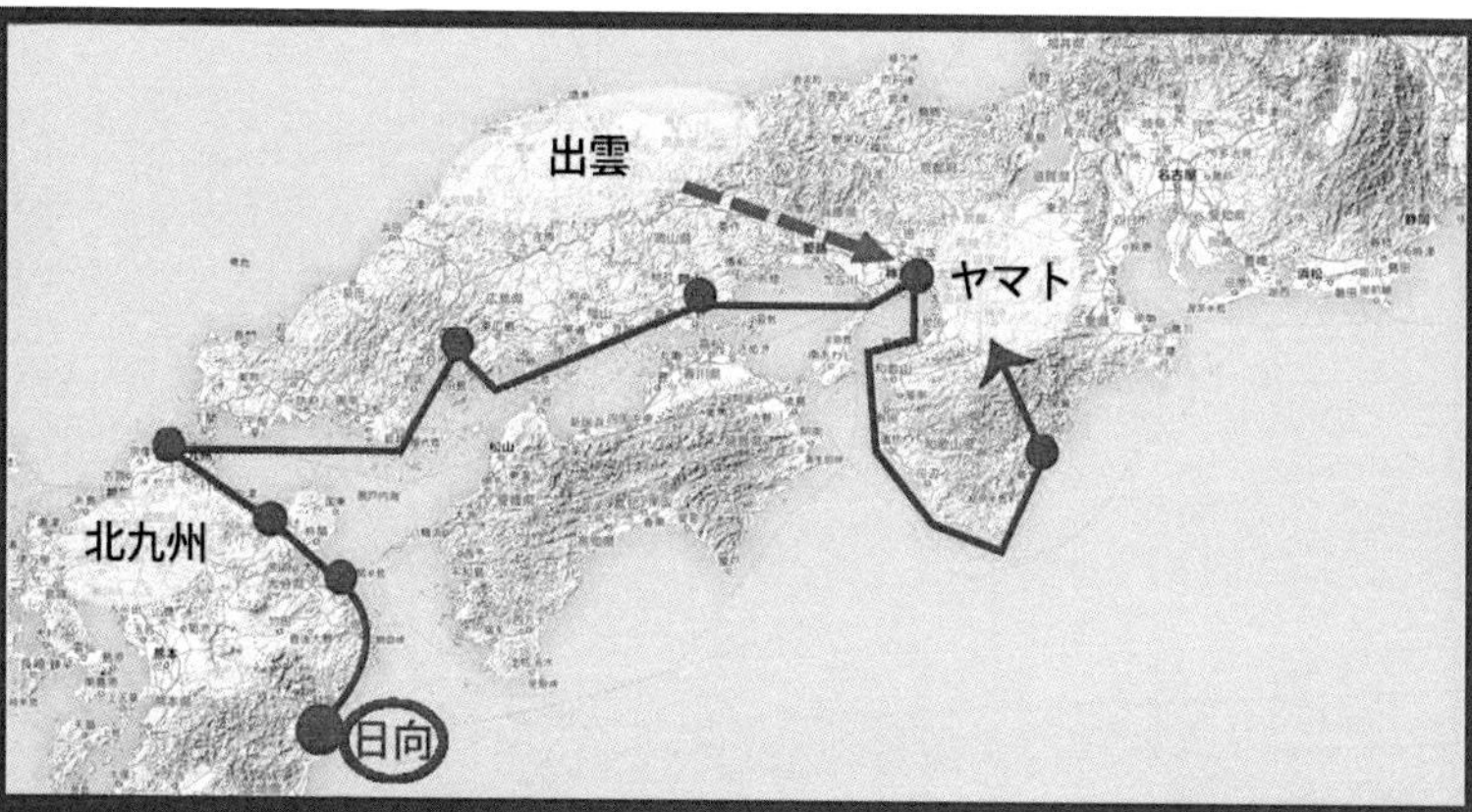

図42　神大和磐礼彦の大和東遷

佐《たす》けて国を治む】とあるが、この男弟は、素戔嗚亡き後の三人の参謀兼愛人の最後の高皇産霊《たかみむすび》を指すものと思われる。

そのとき高皇産霊は、日霊女より十歳以上年下で、素戔嗚が邪馬台国を去った後、一時九州の統治を任されたほど信頼が厚かったとされ、別名を知恵が良く働く「高木の神」と言われ、当時の邪馬台国の総参謀だった。

いわゆる出雲の国譲りの後、相続者たる事代主があまりにも幼年であったために、その摂政のような役を一時任されたのである。

例えば高皇産霊は、国事を決めるとき、出雲の国中の豪族（二六〇名余り）を集めて合議して決定したとされ、大和王権の合議制民主主義のさきがけでもある。

これが、出雲は神有《かみあり》（出雲以外は神無月《かんなづき》）という言葉を生んだ神話の基になった話であるという。

山陰や九州に、高皇産霊尊を祭神とする神社が多数残っている。ちなみに、神有月に呼ばれない神がおり、武御名方を諏訪まで追い詰めた武御雷で、茨木県の一の宮官幣社・鹿島神宮に祀られている。

11. 邪馬台国と狗奴国の抗争

さて、琉球民族の狗奴国は、BC五〇年ごろから舟で肥後の球磨川沿いに移住してきて、八代・人吉盆地を中心に飛び地（コロニー）を形成していた。

琉球の本国の王に狗古智卑狗《くこちひこ》がいて、移住地の王・卑弥弓呼《ひみここ》もいる。移住開始から三〇〇年も経ち、飛び地の狗奴国は本国からほとんど独立していたようだ。

後の景行《けいこう》天皇のときには討伐を受け、また垂仁《すいにん》天皇と神功《じんぐう》皇后の熊襲（当時の狗奴国と曾於《そお》）征伐のときは、参謀・武内宿祢《たけうちのすくね》の息子は戦死、仲哀《ちゅうあい》天皇は負傷し、それがもとで薨去された、このように、飛び地の狗奴国は武闘的要素が強かったようである。

なお、球磨《くま》（熊襲）とは、球磨（狗奴）国と大隅半島のつけ根あたりに跋扈していた同じ球磨族の襲於《そお》が合わさった言葉ともいわれるが判然としない。

平城京以降は隼人《はやと》と呼ばれ、時に一族の大隅隼人が大和政権に反抗して、大友旅人《おおとものたびと》を征隼人大将軍とする大和朝廷軍に成敗されるが、その後は徐々に融和していったようである。

話は元に戻って、「倭人伝」によれば、**【二四七年、倭の女王卑弥呼、狗奴国の男王、卑弥弓呼と素より和せず**（飛び地の狗奴国が攻撃してきた）**】**。

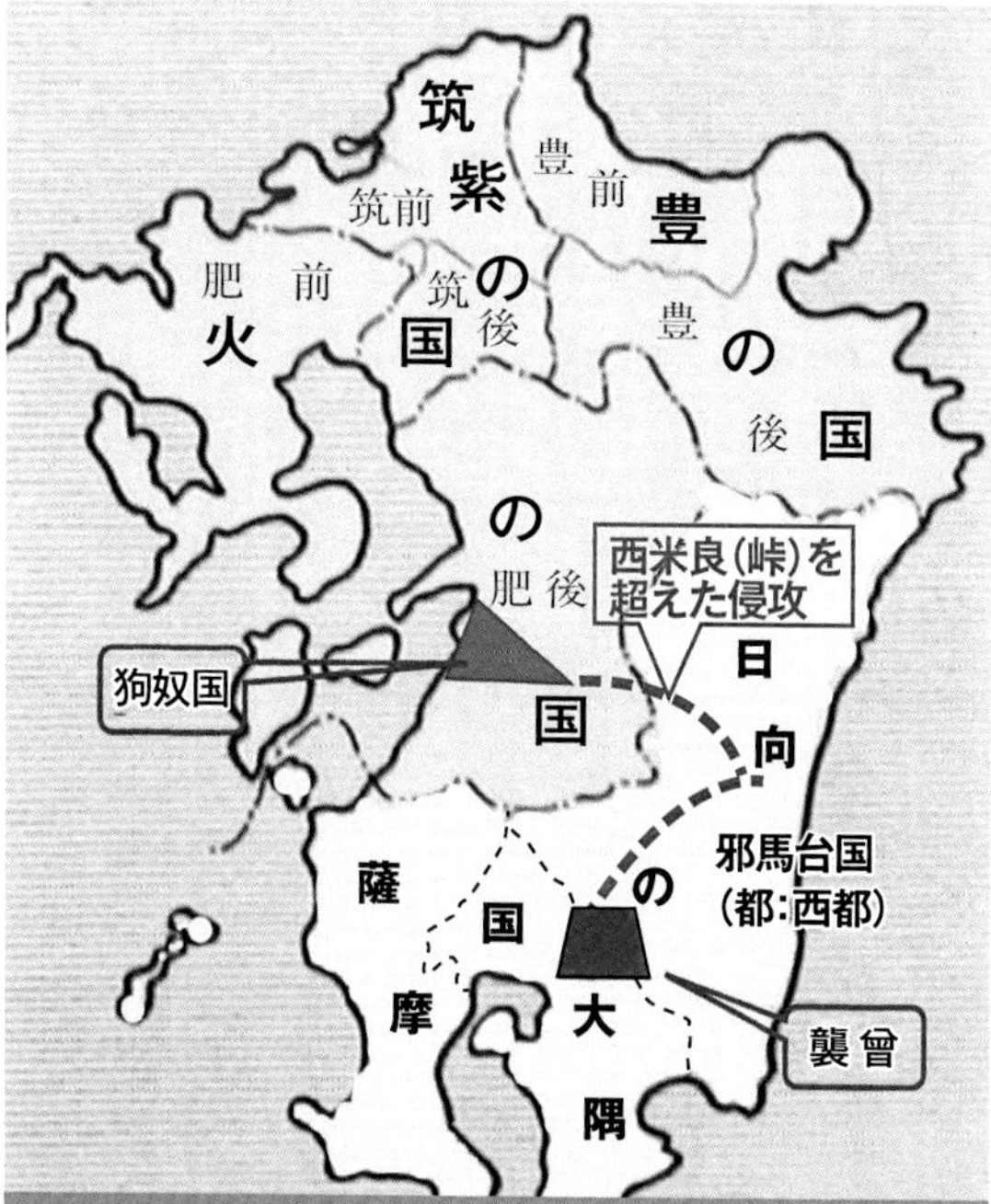

図43 邪馬台国と狗奴国の抗争
fumio.music.coocan.jp の原図を改変

球磨川上流を遡り、西米良《めら》を登って峠を下れば、邪馬台国の都・西都の裏側に行き着く。

邪馬台国側は、守りの弱点の背後からふいを突かれ、慌てたかもしれない（図43）。

また狗奴国と同じ琉球族という説もある襲於との連携もあったかもしれない。

そうなれば邪馬台国の北方軍（日霊女女王の長兄：忍穂耳尊《おしほみみのみこと》）や西薩摩軍（同三男：瓊瓊杵尊《ににぎのみこと》）・南薩摩軍（同四男：火火出見尊《ほほでみのみこと》）・大隅軍（同五男：烏萱草葺不合尊《うがやふきあえずのみこと》）の援軍も来たかもしれない。

そうなれば戦闘は広域かつ長期に及び、後述するごとく膠着状態で終息したと思われる。

12.「卑弥呼」の死と「日霊女」女王の創造

魏国は辺境長官・張政に皇帝の激励の詔書と黄色の軍旗（皇帝の証）を持たしたが、張政が着いてすぐ、戦争の最中に日霊女女王は薨去した。

「倭人伝」に曰く、**【卑弥呼、以て死す**（そして卑弥呼は死んだ）**】**。戦死か病死か老衰かは記載がない。

卑弥呼女王が亡くなったのは二四七年ころ、九三〜九四歳であった。邪馬台国の約三〇年間を実質的に統治した。

「倭人伝」によれば、**【大いなる冢**（塚）**を作る**。**径百余歩、殉葬する者、奴婢百余人】**。

このとき、たまたま魏国の使者、張政が邪馬台国の都・西都に皇帝の激励を伝えに来ていて、

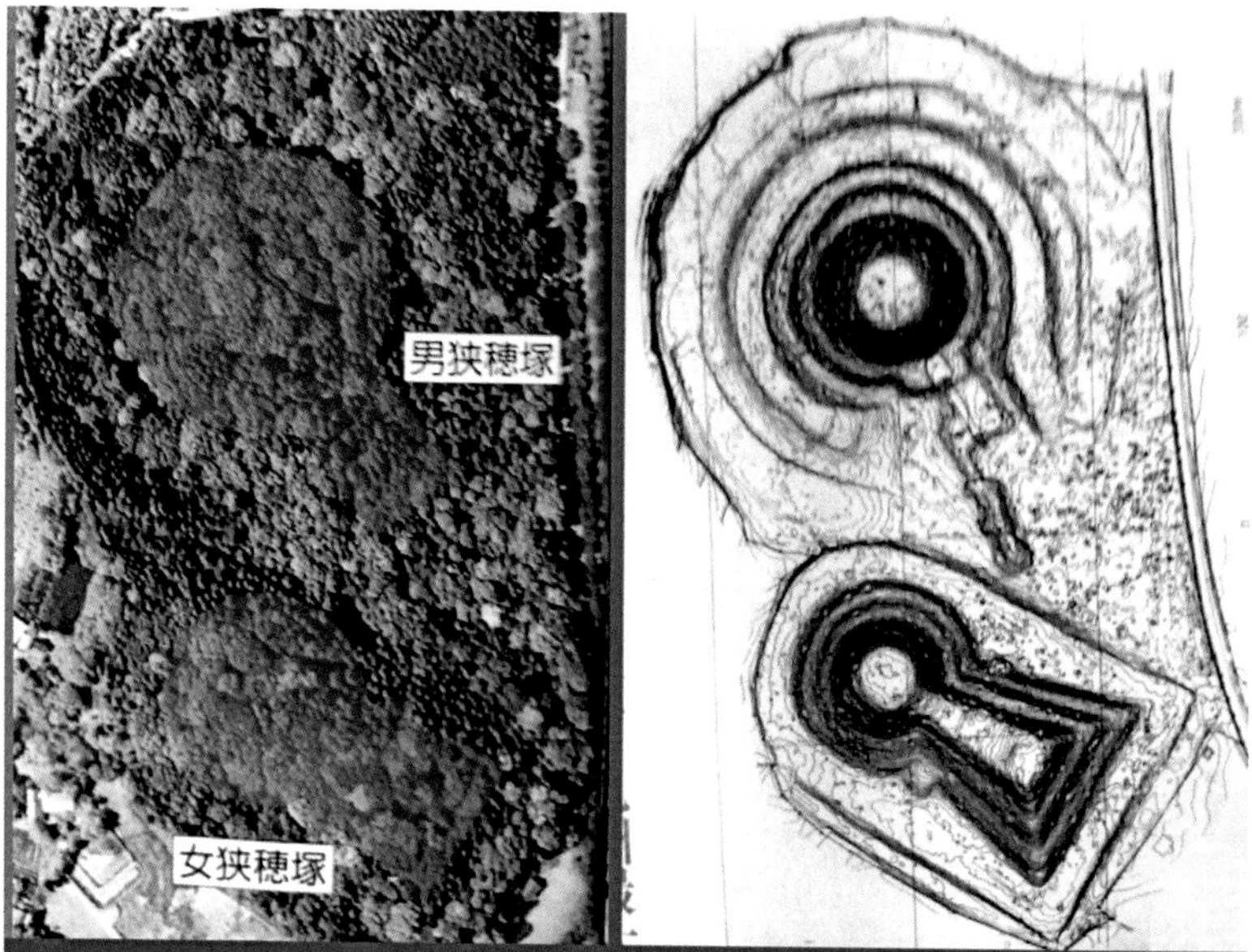

図44　卑弥呼女王（男狭穂塚）と台与女王（女狭穂塚）の陵墓

宮崎県央の史跡ガイドブック より引用

この記録が「倭人伝」に残った。

「家」（塚）とは、円墳かそれに近い形で、この場合帆立貝型と思われる（図44）。帆立貝型も柄鏡型と同様、出現期の前方後円墳と考える研究者がいる。定型的前方後円墳なら、もっと何か形状の表現を加えたはずである。

また、直径百余歩（一三〇m程度）に相当する陵墓は帆立貝型の男狭穂塚《おさほづか》しかない（図44）。これだけの大古墳は九州中探してもここしかない。大首長に相応しい大型古墳といえよう。

図45　卑弥呼女王を祀った皇大神宮内宮
(左側は天照大神の鏡：内行花文鏡)

bunka.nii.ac.jp より引用　　mythpedia.jp より引用

13. 皇大神宮と天照大神

日霊女女王は、日本の歴史上、胆力と知恵のある大女王であった。大和王朝の創設者・神武天皇の祖母で、即位の根回しを勧めたのも、国譲りの戦略を練ったのも日霊女女王であり、いわば皇祖に当たる。

現在、伊勢の皇大《こうたい》神宮の内宮《ないくう》に祀られて、日本で最大（約直径五〇㎝）の内行《ないこう》花文鏡《かもんきょう》（後漢製）は卑弥呼女王の鏡という説がある（図45）。

通称を「天照《あまてらす》大神《おおみのかみ》」（本名：大日霊女《おおひるめ》貴尊《むちのみこと》）と称する。

ところで、専門家の間ですら、「日本に神社は多いが卑弥呼神社はない。『卑弥呼の邪馬台国』なんて幻影だ」。あるいは、「『魏志倭人伝』自体が信用できない紛い物の歴史書だ」、という意見が聞かれる。

しかし日本書紀には、『天照大神《あまてらすおおみのかみ》別名、大日霊女貴神《おおひるめむちのかみ》』と記録されている。そして、「記・紀」全体にわたり、『天照大神（太陽神）は大日霊女女王』と書かれている。

鷲崎弘朋《わしざきひろとも》氏（古代史研究家）も、「日本書紀」神代編（本文）で天照大神の誕生について、「伊弉諾尊《いざなぎのみこと》と伊弉冉尊《いざなみのみこと》は、『吾すでに大八洲《おおやしま》国（日本列島）および山川草木を生めり。何ぞ天下の主者を生まざらむ』と共議して、共に日の神（太陽神）を生む。これを大日霊貴《おおひみむち》と号す」などの記載から、天照大神の本名は、「大日霊女貴尊《おおひみこむちのみこと》」である。後世、なまって「大日霊女貴《おおひるめのむち》」と呼ばれることもある、と書いている。

また、多くの神社の古文書によれば、天武天皇以前は大日霊女貴尊と記録されていたのが、天武天皇以後は天照大神と書き替えられ、天照国照大神の名称を天照大神に塗り替えて、天照国照大神の名前を抹消してしまった。

このとき、「記・紀」編纂者の指導者・藤原不比等は、全国の神社に天照国照大神を抹消するような指示を出し、関連する豪族の系図を没収した。大和初代王の天照国照大神の名称を消し去りたい意図が推測される。

14. 日本の神一覧

Wikipediaの「日本の神一覧」を引いて、各県ごとの神社庁の発表をみれば、「大日霊女神社」という神社名で祭神を「天照大（御）神」または「天照皇大神」としている神社が、少なくとも各県に二〜三社はある。

鹿児島県神社庁の場合、①開門《ひらきき》神社（薩摩一の宮）、②指宿神社、③一の宮神社（鹿児島市郡元町。ただしこの一の宮は通常の一の宮ではなく、一の宮姫にあやかった神社名である）の祭神はすべて天照大神である。

このように、魏国の蔑視名である卑弥呼を冠した神社はないけれど、れっきとした「大日霊女神社」は日本国中、至るところに存在する。

15. 枚聞《ひらきき》神社：大日霊女貴尊とその子ども・合計九神の一家勢揃い

図46　枚聞神社：大日霊女貴尊とその子供・合計9神の勢揃い

minkara.carview.co.jp より引用

枚聞神社（薩摩国の一の宮神社。指宿市開聞町に鎮座）には、大日霊女貴尊とその五男三女、合計九神が勢揃いして祀られている（図46）。

どういうことかというと、まず日霊女が素戔嗚と出会う前に二人の男子（長男は忍穂耳尊＝邪馬台国北部を統治。次男・天穂日尊は父素戔嗚が出雲に連れて還り、安木の族長となった）があり、出会ってから三人の娘をもうけ（後の宗像三女神＝多岐理姫、多岐津姫、佐依姫または厳島姫）、さらに素戔嗚以後の愛人兼側近ともうけた三貴子といわれる瓊瓊杵尊（陵墓は可愛《えの》山上陵）、火火出見尊（陵墓は高屋《たかや》山上陵）、鳥萱草葺不合尊（陵墓は吾平《あいら》山上陵）の合計九神である。

16. 薩摩・大隅の三貴子による分割統治

大日霊女女王が、三貴子に薩摩・大隅地域を三分割して統治させていたとき（これも「記・紀」ではまったく異なった神話で述べられている）が、邪馬台国の最盛期だったのかもしれない（図47）。

邪馬台国は広大で、都のある西都を中心とした宮崎中央平野は大日霊女女王の直轄統治で、弥生後期～古墳初期の豊かな恵みを受けていたが、当時の薩摩や大隅地域は、まだ荒れ地が多くて、人口も過疎地域で開墾し田畑にする余地が多かったのではないだろうか。

こうして九州全体を俯瞰するとき、「倭人伝」の**【水行二十日、水行十日、陸行一月】**と、大雑把と言われるような書きぶりにならざるを得なかったのも理解出来る。

17. 台与《とよ》女王の誕生と事績

「倭人伝」曰く、（卑弥呼女王の死後）**【更に男王を立てしも、国中服さず、更相《こもごも》誅殺し、**

千余人を殺す。復た卑弥呼の宗女の台与、年十三なるを立てて王と為し、国中遂に定まる】。

卑弥呼女王の亡き後、一族同士の相続争いが起きたのか、または狗奴国が介入して戦いが再燃したのか、いずれにしろ卑弥呼女王の相続人（孫）の磐礼彦が大和東遷のとき、日向の油津に置いていった吾平津姫《あいらつひめ》との間に儲けた一人娘・台与が十三歳に成長していた。

この台与を卑弥呼女王の後継者とすることで、「邪馬台国」は治まった。やはり血統は強かったのである。

「倭人伝」によると、（台与女王は）**【張政の還るを送らしむ。因って洛陽に詣り男女生口三十人を献上し、**

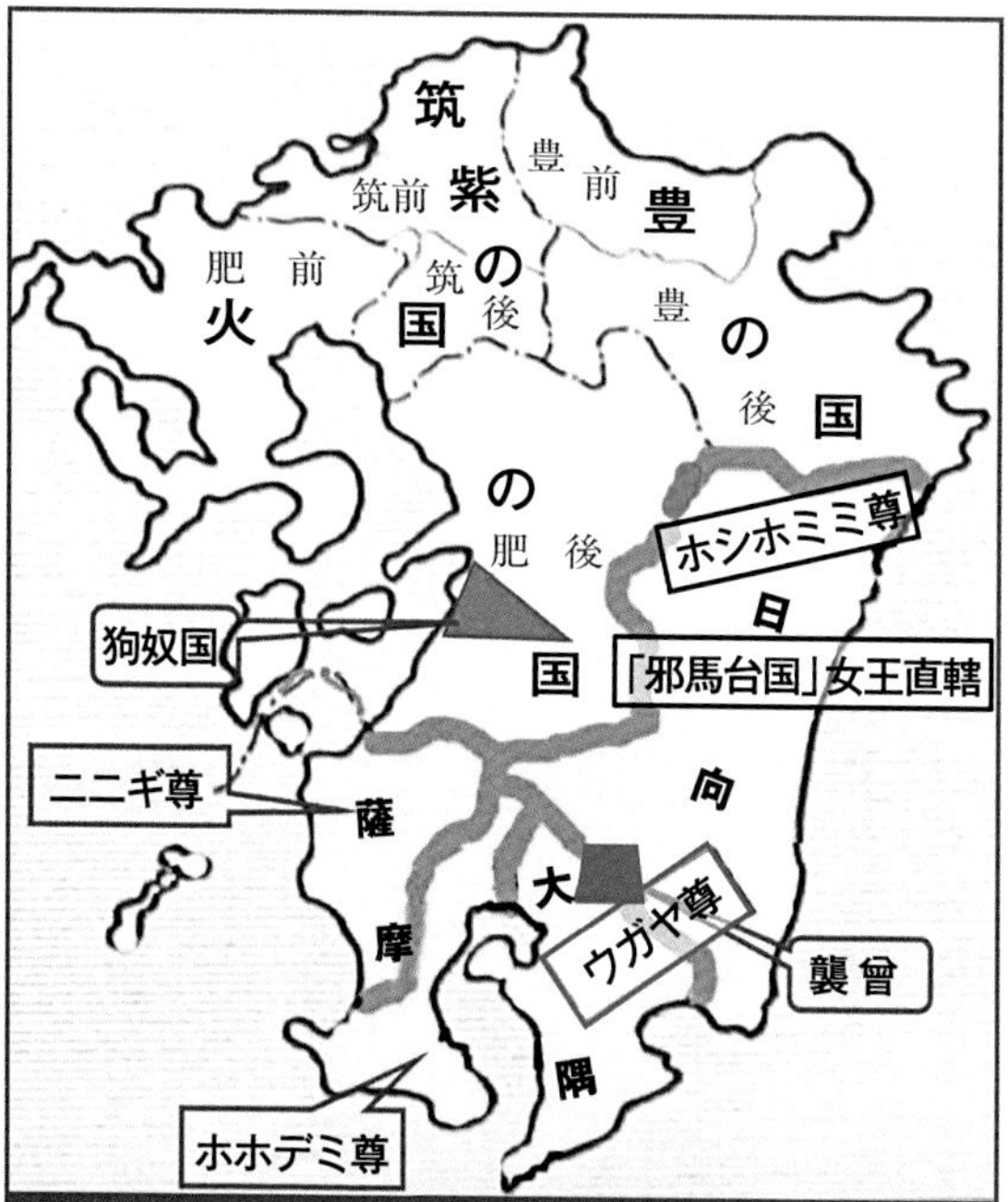

筑紫の国
筑前
筑後
豊の国
豊前
豊後
火の国
肥前
肥後
日向
薩摩
大隅
ホシホミミ尊
狗奴国
「邪馬台国」女王直轄
ニニギ尊
ウガヤ尊
襲曽
ホホデミ尊

図47 大日霊女女王の3貴子による邪馬台国の分割統治
（但し、日向北部は長男・忍穂耳尊が既に統治）

sumio.music.coocan.jp より引用

〜中略〜**何々を貢《こう》す**（貢いだ）】。

※**ここで、「倭人伝」の全文が終わる。**

ところが、その後「晋書」（唐の六四八年編纂）に、台与女王は**二六六年**、晋の皇帝に使いを送ったことが記録されている。

このことから、邪馬台国は日霊女女王の死後、滅亡したのではなく、穏やかな時代が続いた（大和政権の後ろ盾もあっただろう）と思われる。

18. 大和朝廷の初代南九州鎮守使

二九五年、大和朝廷の初代南九州鎮守使となった神武天皇の孫、**武磐竜彦《たけいわたつひこ》**が邪馬台国の政権を受け継ぎ（台与女王：約五〇年間の統治）、磐礼彦（後の神武天皇）の宮崎での滞在跡に宮崎神宮を建立（図48上）。ここで邪馬台国は歴史の表舞台から消える。

さらに武磐竜彦は阿蘇の外輪山の原野の開墾を地元住民に指導して感謝され、阿蘇神社の祭神として祀られている（図48下）（『阿蘇郡誌』、『古事類苑・神祇部』他）。

なお、西都原古墳群の男狭穂塚の隣の大前方後円墳は、台与女王（豊受姫）の陵墓で、通称女《め》狭《さ》穂《ほ》塚《づか》（定型的前方後円墳で首長クラス）と呼ばれ（図44参照）、皇大神宮の外宮《げぐう》に祀られている。

宮崎神宮

宮崎神宮公式ホームページ より引用

阿蘇神社

図48

Youinjapan.net より引用

19. 邪馬台国四代一二〇年の歴史の要約

❶素戔嗚尊：出雲・山陰を統一した後、続いて九州全土を平定（一八〇年頃）。宮崎県西都に邪馬台国の都を置く（約八年間統治）。その後、律令時代には国府（国衙）や国分寺も西都に置かれ、官道も通った歴史を持つ。当地の豪族の娘、日霊女と同居して、多紀理姫、多岐津姫、狭依（厳島）姫を儲ける（後の宗像三女神）。

素戔嗚尊逝去（六三～六四歳）：松江の熊野山に磐座として埋葬、熊野大社に神として祀られる。

❷大国主尊：末子相続人の須世理姫の養子となり出雲と山陰・九州を約三〇年間統治。「邪馬台国」の西都で逝去。西都に近い都農神社に祀られる。

〈❶、❷は出雲系：「記・紀」により悪役的神話化されて、葬られた出雲王朝〉

❸大日霊女女王：幼い相続人・事代主の代行⬇なるべくして女王に擁立される。約三〇年間統治。孫の磐礼彦の大和東遷を推進（日本皇祖）。九〇歳代の高齢で薨去。

陵墓は西都原古墳群中の通称、男狭穂塚。大和政権により皇大神宮の内宮に祀られ、日本国中の神社に天照大神という神名で祀られている。

❹台与女王：磐礼彦（神武天皇）が東遷の時、油津に残した一人娘。卑弥呼女王の宗女。卑弥呼女王の薨去後、約五〇年間統治。

以上が邪馬台国四代一二〇年の歴史である。

「記・紀」により、「天皇の万世一系」を確立するために、大和の初代王・饒速日命（天照国大神）は神話化されて出雲王朝ごと葬られ、その出雲と血縁が深い卑弥呼女王の邪馬台国は、神武天皇の大和王朝からは切り離されて封印された。

その代わりに皇大神宮を創建して祀った（内宮と外宮）。そのような経緯のため、実質的に創建した持統天皇以降、近世になるまで天皇の参詣は行われなかったという。

しかし、葬られた「出雲王朝」も、封印された「邪馬台国」も、中国の公的歴史書「倭人伝」と「晋書」および日本の「記・紀」以前の古文書や系図、指導者の命令から漏れた神社や庶民習俗には記録と痕跡が残った。

20．「邪馬台国」の夢の跡：西都原古墳群

男狭穂塚と女狭穂塚の二大巨墳を中心に、西都原古墳群は前方後円墳だけでも、大小三五〇基を超え、近隣の川南・持田・新田原・茶臼山・本庄・生目古墳群など（宮崎中央平野）の古墳を合計すれば、実に一六〇〇基以上に上る。九州一の大古墳群で、その種類といい、個数といい畿内と肩を並べる。まことに素晴らしい邪馬台国の夢の跡である。

なぜ、「記・紀」において、出雲系の素戔嗚とその第五子・饒速日尊（天照国照大神）は悪役神話に改竄され、葬られたのか？

さらになぜ、「邪馬台国と卑弥呼」の存在を封印してまで、日本の最初の正史「記・紀」は塗り替えたのか？

「記・紀」編纂者らは、当時の指導者（天武天皇、持統天皇、その背後の藤原不比等）の国創り（天皇親政の律令国家）の強い意志を受けて、天皇の出自を創作神話にして、神につながる天孫一系とした。

図49　春の西都原古墳群：邪馬台国の夢の跡

西都市観光協会 より

それは、今後どんなに有能な人物が現れようと、天皇は天孫の血を引く者でないとなることができないことを意味する。故に、天皇は一系（願わくば万世）であることを日本初の正史に確定した。

そういう訳もあり、源頼朝・足利尊氏も、織田信長・豊臣秀吉・徳川家康も、皇位に手が届きそうな位置にありながら、積極的に取りにいこうとはしなかったし、また出来なかったと思われる。

他方、大和の初代王は素戔嗚尊の息子・饒速日尊（天照国照大神＝出雲系）であり、磐礼彦尊（日向系）は饒速日尊の相続人・伊《い》須《す》気《は》依姫《よりひめ》の養子として大和に入り（大和東遷）、出雲と日向を統一して大和王朝を創建した（神武天皇即位）。

ところが「倭人伝」の「邪馬台国と卑弥呼」も、出雲と深い婚姻（血族）関係にあり、天孫一系と矛盾するので、「記・紀」から「邪馬台国と卑弥呼」はごっそり封印された。
そして天孫降臨は天照大神と孫（神大和磐礼彦）との関係を示唆しているようでもある。

21．「邪馬台国」の読み方

最後に、**邪馬台**（国）の読み方は、果たしてヤマタイかヤマトか？

江戸幕府お抱えの大博識者と言われた新井白石（実は日中通詞：どれだけ古漢語に精通していたかは不明）が、ヤマタイと読み始めると、右へ倣えとばかり、皆こぞってヤマタイと読み始めて、その後現在まで続いている。

ところが「日本書紀」に、「興台産霊（コゴ**ト**ムスヒ）、許語等武須耽（コゴ**ト**ムスヒ）」のように、**台**が**等**と同じ「**ト**」と読まれている。さらによく調べたら、新井白石の以前の国文学者らも「**ト**」と読んでいたけれど、新井白石の名の前に雲散霧消したことが分かった。

後の**ヤマト**王朝との整合性も考慮すれば、**ヤマト**と読むべきではないだろうか（中西進、原田常治、井沢元彦、他）。

22. ヤマトという地名

最近、古代史の我が畏友によれば、ヤマトという地名は現代の地図を眺めれば、宮崎県に少なくとも一一カ所はあるそうである。となれば、地名のヤマトに拘った「筑後山門（ヤマト）説」も「肥後山門（ヤマト）説」も、それほど意味を持たなくなるのではないだろうか……。

日本では地名と人名が一緒によく付いてまわることが習いのようで、探せばもっと他にもある可能性がある。

主な参考文献

日高正晴：『古代日向の国』日本放送出版協会　1993
原田常治：『記紀以前の資料による古代日本正史』同志社　1978
梅原　猛：『葬られた王朝』新潮社　2010
村井康彦：『出雲と大和』岩波新書　2013
安田喜憲：『古代日本のルーツ　長江文明の謎』青春出版社　2008
山科　威：『日本書紀・古事記編纂関係者に抹消された邪馬台国』諷詠社　2014
馬場悠男（監）、島田栄昭（著）：『「古人類」の謎學』青春出版　1998
森　浩一、埴原和郎、他：『日本通史第1巻：日本列島と人類社会』1993
網野善彦：『日本社会の歴史（上）』岩波新書　1997
渡部昇一：『神話の時代から』ワック㈱　2016
野上道男：『魏志倭人伝・卑弥呼・日本書紀をつなぐ糸』古今書院　2012
豊田有恒：『歴史から消された邪馬台国の謎』青春出版社　2005
森　秀人：『族長たちの墓碑銘』作品社　1994
安本美典：『封印された邪馬台国』ＰＨＰ研究所　1999
中村明蔵：『隼人の実像』南方新社　2014

橋口　学：『完読「魏志倭人伝」』高城書房　２０１０
産経新聞取材班：『神武天皇はたしかに存在した』産経新聞出版　２０１３
宮崎正弘：『神武天皇「以前」』育鵬社　２０１９
土田章夫：『邪馬台国は宮崎市にあった』㈱ビジネス社　２０２４
高向嘉昭：『鹿児島ふるさとの神社伝説』南方新社　２０１２
濵田博文：『邪馬台国は畿内にも北部九州にもなかった』文芸社　２０１９
その他：割愛

さらに、原田常治氏が渉猟された主な古文書などは以下のとおり。
神社縁起、帝王編年記、石和聞見志書紀通証、続日本紀、皇年代略記、延喜式神名帖、古今皇代図、続国史略、史料通信叢誌、旧事記、熊野略記、文徳実録、旧事天神本紀、後漢書、梁書、魏志倭人伝、国華万葉記、和漢三方図会、万葉集、各地の古墳の発掘報告書、各国風土記（逸文）、阿蘇郡誌、古事類苑、神祇部、他。「古事記」以前に建立された１６３１神社の膨大な資料や系図
その他：多数の古文書は割愛

探勝篇

古代逍遥

一、「邪馬台国」水行⬇有明海航路を探勝する

気になっていた二ヵ所の古墳群を古代史仲間と巡り探勝してみた。

1. 鹿児島県長島古墳群

気になっていた点

❶ 写真で見ると石が積み重なっているように見えるが、一体どんな様式の古墳か？

❷ 長島になぜ古墳が集中しているのか？

図1　長島（今浜崎）古墳群

鹿児島の我が家をゴールデンウイークの三日㈮、午前8時、マイカーで出発。南九州高速を駆けて、有名な黒の瀬戸大橋を渡る。ここは、万葉集で黒の瀬戸を歌ったゆかりの二歌人（大友旅人、長田王）の歌碑が立っている。

風光明媚な海岸線をかなり行った島の北西部に、⑴小浜崎、⑵白金、⑶鬼塚古墳、など板石を重ねた古墳が現れる。

立石を持つ横穴式石室が目立つが、もとは円墳だったそうである（図1）。

すなわち、封土が長年の雨風で崩れ落ち、石組みだけが残った。だから写真だけ見たのでは、板石が積み重なっているように見えたのだ。

あの飛鳥地方の蘇我馬子の墓とされる石舞台と同じ様式である。

図２　宇賀岳古墳<鬼の岩屋>（熊本県宇城市）

その崩れた土を良く見ると黒土や粘土質ではなく、ザラザラした茶褐色の乾いたもろい土である。島全体がだいたいその土で覆われているように思われる。

だからジャガイモの生育に向いており、長い間に味の良いブランド品のジャガイモになって好評なのだろう、と納得した。まさか古墳が長島の名物のジャガイモに繋がるとは思ってもいなかった。

ここの古墳はほとんどと言っていいほど、長島の本土の九州島側にはなく、雄大な眺望の有明海側にあり、また有明海と東シナ海を向いている。

海(貝)の道と言われる有明海の交易の中継ぎで財を成した豪族がいたのだ。

なお、長島町歴史民俗資料館にも立ち寄った。私は古墳の出土物や漂着した遣唐使船の復元に興味を

図3　塚原古墳群（熊本市城南町）

持ったが、旧石器時代から近世までの長島の歴史・民族資料が展示してあって、その説明図も分かりやすく、ひいては九州全体の歴史が見事に凝縮しているようにも想像され、一見の価値がある。

夕方、二人で手分けして、スマホで手当たり次第に、空き室のあるホテルを探しまくったが、あいにくゴールデンウイークのためどこも満室。

予約しないでうかつだったたと、カプセルホテルか車中泊、または鹿児島に帰るしかないかと諦めかけた時に、水俣のホテルにシングル二つが見つかった。そこで旅の汗を流したが、諦めかけた時に見つかったただけに快適なホテルだった。

図４ 前方後円墳（塚原古墳群）

2. 翌日、熊本県宇土半島基部の古墳群に向かった。

気になっていた点

❶なぜ内陸部にあるのか？

❷他の九州や畿内の古墳との関連性は？

しかし、地元の古墳の標識は乏しく、私の車のカーナビ（古いからか）には、名前すら出て来ず、スマホを頼りに山野の道を右往左往。

偶然、**(1)宇賀岳古墳**の小さい標識を見つけた。宇賀岳古墳（宇城市松橋町）は、装飾された石棺系石室を持つ横穴式円墳（通称、鬼の岩屋、図２）が目立った。石室の石材は阿蘇山の凝灰岩が使われて

図5　前方後円墳復元模型（塚原古墳）

いて、奥は二個の刀掛け用突起が出ていた、と。石側の室内壁には線刻による幾何学模様と顔料で彩色がなされていたそうである。

他に、円墳、前方後円墳もあり、ここの古墳群も丘陵上にある。

さらに少し離れた別の多数の丘陵にも古墳群があった。

中でも、目を引いたのが、⑵**塚原古墳群**（熊本市城南町）。

整備が行き届いた、広い丘の多数の古墳の間を古代の風が吹いていて、タイムスリップしたかのようであった（図3）。

銘板にも書いてあったが、方墳、円墳、前方後方墳、前方後円墳（図4・5・6）、横穴式古墳など七種類の古墳が五〇〇基も存在し、古墳の歴史を具現化し

図６　前方後円墳の円墳部分（塚原古墳群）

ているかのようである。
日本の中でも有数の古墳群の一つと思われるが、全国的には驚くほど知られていない。ここはもっと検証と広報に値するのではないかと思う。

近隣にも、多数の古墳群があるようだったが、そもそもなぜこの辺に古墳群が多いのか？

考えてみたら、宇土半島はもともと九州本島とは繋がっていなかった。

その間を黒の瀬戸のような急流ではないが、海流が流れて一部は葦原の湿地帯になっていた。長年のあいだにその湿地帯や海に土砂が蓄積し、現在、その上を今の鹿児島本線や国道３号線は走っているのではないだろうか。そして内陸よりの丘陵上に古墳群が残った。

この地域も、海（貝）の道の中継貿易で栄えた豪族がいた証拠である。こんなに多数の丘陵ごとに古墳群が存在するとは、その豪族は長年栄えた火の国一族であった可能性が高いと思われる。

長島の古墳群も宇土半島基部の古墳群も、共通して海の中継ぎ交易で栄えた豪族が築造したのであろう。

そうとすれば、「**邪馬台国**」への行程の**水行**（海路）を示唆する有明海航路の傍証となるのではないか！　私達は、興奮冷めやらぬ気分で、九州縦断高速道を、一路鹿児島へと向かった。

二、神話と現実の狭間

霊峰霧島山

天孫降臨《てんそんこうりん》

「瓊瓊杵尊は高天の原から、筑紫の日向の高千穂の久志布流多気に天降りまさしめき（古事記）」、とありますが、その山麓の葡萄畑から見た霊峰霧島山です。

どこから見ても神秘的で秀麗な山です。

天降川

天降川《あもりがわ》

そのアモリの名を持ち、霧島山に源を発する、現在の天降川です。

黒瀬海岸

黒瀬《くろせ》海岸
（現・鹿児島県南さつま市笠沙町
旧・川辺郡笠沙町）

しかし、現実には、天上から神様が降りてくる訳はないので、よくよく考えれば、これは大陸から渡来して来た王族か貴族か、ひょっとして戦争難民を反映しているのかもしれません。


そこで、いろいろと渡来民の伝承がある所（舟でやって来たはずですから港）はないかと、必死に探したら、ありました、有りました！

あったのです。一カ所だけ！。

現在の笠沙町、黒瀬海岸です。

上陸の石碑

瓊瓊杵尊上陸の石碑

もちろん、古色蒼然たる上陸を示す石碑もあります。

念を入れて、異なった年月の左右・二基（図中、白と黒丸：いずれも鹿児島県旧笠沙町（村）建立）。

海向かふ郷愁の背に萩の降る　濱　盆栽

若葉して御目の雫ぬぐはばや
芭蕉

鑑真和尚と秋目集落

笠沙町黒瀬と言えば、歴史的には、その隣り村の秋目がもっと有名です。あの鑑真和尚です。

日本から、奈良時代に仏教の戒律を教えるために招聘された唐の高僧です。盲目になってまで、艱難辛苦を経て六度目の渡航で、秋目海岸に漂着されたのです。そして、日本の律宗の開祖となられました。ちなみに、この拙著にも出てくる「海（貝）の道」の幹線をなす有明海航路を遡上して奈良への中継地の大宰府へ向かわれています。

せっかくついでに、芭蕉の名句の一つ

若葉して御目の雫ぬぐはばや

は、奈良の唐招提寺に鎮座まします鑑真和尚を尊崇した句です。

私なぞは俳聖芭蕉の足元にも及びませんが、

海向かふ郷愁の背に萩の降る

南さつまにおける瓊瓊杵尊関連図

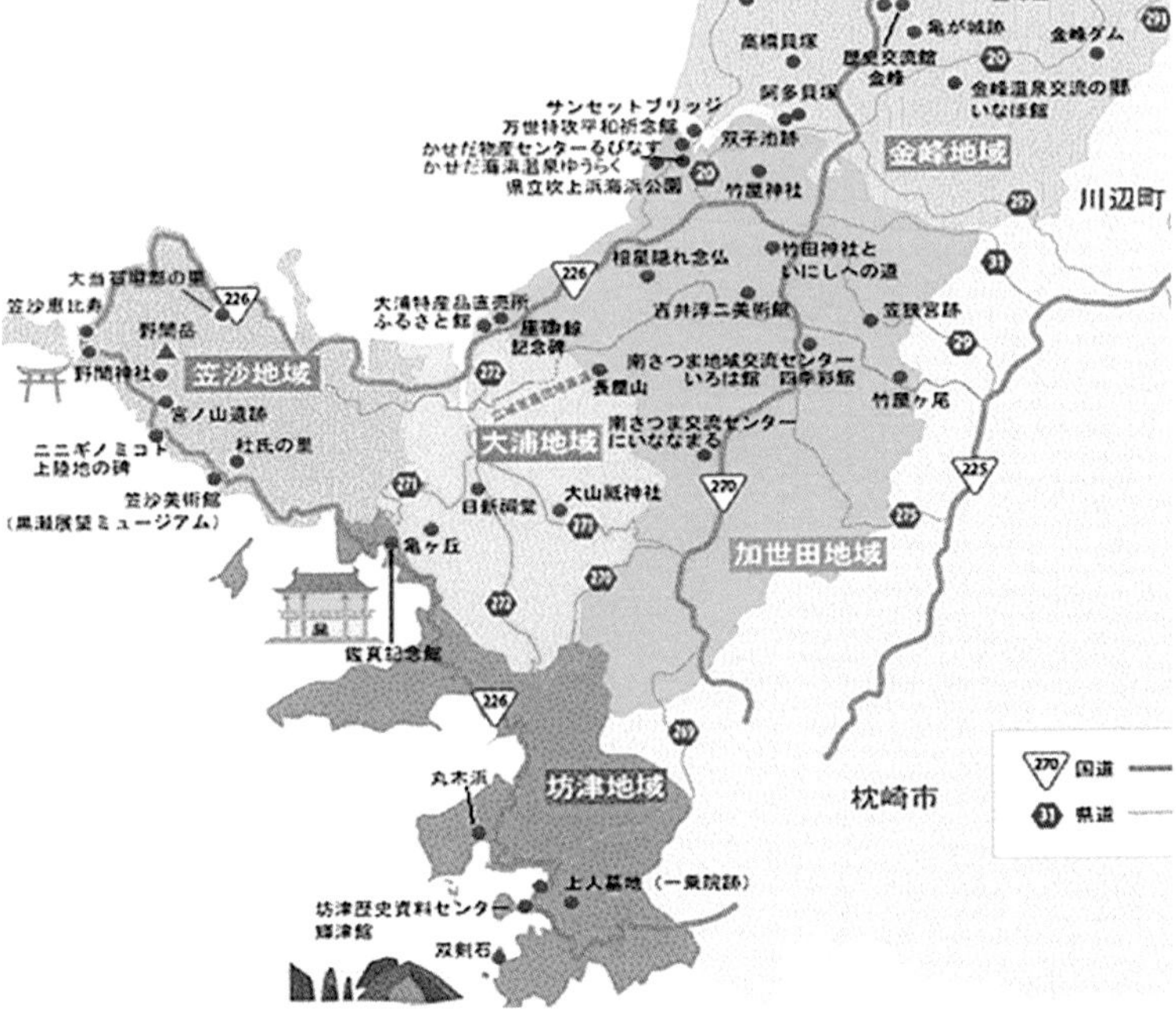

沙防の碑
道の駅
きんぽう木花館
金峰山
亀が城跡
高橋貝塚
金峰ダム
歴史交流館
金峰
金峰温泉交流の郷
いなほ館
阿多貝塚
サンセットブリッジ
万世特攻平和祈念館
かせだ物産センターるぴなす
かせだ海浜温泉ゆうらく
県立吹上浜海浜公園
双子池跡
竹屋神社
金峰地域
川辺町
竹田神社と
いにしへの道
稲荷隠れ念仏
大当石塀群の里
笠沙恵比寿
野間岳
野間神社
笠沙地域
宮ノ山遺跡
ニニギノミコト
上陸地の碑
杜氏の里
笠沙美術館
（黒瀬展望ミュージアム）
大浦特産品直売所
ふるさと館
吉井淳二美術館
笠狭宮跡
南さつま地域交流センター
いろは館
四季彩館
長屋山
竹屋ヶ尾
大浦地域
南さつま交流センター
にいななまる
大山祇神社
亀ヶ丘
加世田地域
鑑真記念館
丸木浜
坊津地域
枕崎市
国道
県道
上人墓地（一乗院跡）
坊津歴史資料センター
輝津館
双剣石

リアス式海岸に沿った集落群の坊津《ぼうのつ》

秋目は、実は渡航の石碑のあった黒瀬の笠沙町とは隣り町の坊津町のはずれにあります。

坊津町は、日本三津《さんしん》の一つと言われ、(他は、那津《なのつ》・筑前博多、安濃津《あのつ》・伊勢津)、遣唐使船や密貿易で栄えたリアス式海岸の集落の町です。

久志の海岸と集落

久志浦のアコウの巨樹　Wikipedi

全人教育の礎を築いた
小原國義氏記念館

次は、久志《くし》

海岸線も美しいけど、古いアコウの巨樹も良く知られています。

小原國義《おばらくによし》氏をはじめとして教育が盛んな町でもあり、以前は坊津町の役場もあるほど賑わいました。

⇧泊の元我が家周辺

泊の伝統的な十五夜行事

懐かしの泊《とまり》

次は、途中の展望台から望む泊の集落。

ここも海岸線が美しい。

そこの砂浜で良く海水浴をしたことを思い出します（実は、私は父の仕事の関係で、小学六年生まで、この泊で過ごしました。写真で下向き黄色の矢印の辺りに我が家がありました）。

典型的な半農半漁の集落です。

逞しきあこう木の根や漁師来る　濵　盆栽

風紋や蟹もぐり込む里の浜　濵　盆栽

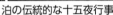

写真撮影：畏友、織田正廣氏

泊の海岸からの夕日

特に、泊の海岸から見る夕日は格別です。

当時は、沿岸漁業の舟も良く出入りしていました。

写真撮影：畏友、織田正廣氏

秋の海ポンポン船の音高し　濵　盆栽

夕凪に人集まりて漁師村　濵　盆栽

写真撮影：上村伸雄氏

30年以上も故郷の地を踏むことが
なかった、その私に、故郷に顔を出す
きっかけを作ってくれた泊在住の織田
正廣君は、右二枚のような美しい写真
を置き土産にして病没しました。
私にとって、また故郷は遠くなりました。

友の墓眼下は白き空と海　濵　盆栽

（右）歌川広重の絵 (livedoor より)

泊と次の村の坊との間に、少し飛び出した平地があります。

ある時期には坊津町の役場の支所があり、今は歴史資料センター、輝津館《きしんかん》が立っています。

和楽園《わらくえん》と呼ばれる景勝の地で、松越しに見える双剣石《そうけんせき》も有名です。

巨匠、歌川広重の絵（たぶんレプリカ）も輝津館に飾ってありますが、広重自身は、ここに来たことがなく、聞き描きだろうと言われます。

かの匠《たくみ》双剣石は秋しぐれ

港町と寺の坊

石畳と街並み

（南さつまの観光案内より）

次は、いよいよ坊津を代表する集落、坊《ぼう》です。

お寺が多かったので坊とよばれるようになった、とか。写真右下の石畳も、良く見られる風景です。

港の水深が深かったので、琉球や中国との中継ぎ港（時に、薩摩藩の密貿易）として栄え、近年では鰹《かつお》船の寄港で賑わいました。

大漁旗をひる返しながら、船の拡声器から大音量で流れる美空ひばりの「港町十三番地」の歌詞は、今でも覚えています。

拡声器で音楽を流すことで、長い遠洋航海から帰って来たことを家族や村民にいち早く知らそうとする心情でしょう。

写真撮影　上村伸雄氏

その坊の村落は、海が陸に接近していたので、歴史的な石の階段も多く見られます。

古《いにしえ》は白脛《しらはぎ》行き交ふ階段《はし》なりき　濵　盆栽

旧泊小学校正門

かつては、坊の後ろの丘の上に、海を見下ろすように立派な堂塔伽藍が立っていました。

伝承では、敏達・推古天皇時代に創建された真言宗の古刹で、百済僧の日羅が開山し、十六世紀には天皇の勅願寺および周辺は近衛家の荘園ともなった。

一大有力寺院でしたが、明治二年の廃仏毀釈により廃寺となりました。

写真はその正面入り口です。

その跡に、平成二十二年まで坊と隣村の泊合同の坊泊小学校があり、その正門となっていました。

仁王像ともちの大樹　（写真：南さつま観光協会）

正面階段を上ると、左手に写真のような大きな一対の石の仁王像が立っています。

廃仏毀釈の時に捨てられ放置されていたのを、後に村民が引き上げてここに安置した、とか。

阿形、吽形の一対です。

真ん中の巨樹はもちの木で、これも私が小学生の頃から有り、幹回りは現在の1/3か1/2ぐらいでした。

雨風に耐へ天蓋なすもちの樹　濵　盆栽

秋風や無常を払ふ仁王二基　濵　盆栽

旧坊泊小学校の校舎と運動場

写真撮影　上村伸雄氏

一乗院跡に建っていた坊泊小学校↓

今や廃校

平地は運動場で、石段は運動会の時、坊泊の村民の観覧席になり、昼食時間帯は手作り弁当をつつきながら賑やかな笑い声が聞こえてきて、それが今も耳に残っています。

（左）廃校になると思はじ騎馬合戦　濵　盆栽

（右）廃校や今日の空にも鳶《とび》の笛　濵　盆栽

校長室表札だけは残りをり　濵　盆栽

少し登って奥に進むと、一条院の僧侶の墓地（上人墓《しょうにんばか》）が広がっています。

堂々たる珍しい方形の石の石棺（百済様式でしょうか）と五輪の塔や多くの石造物が群立しています。

つわの花異国の土となる覚悟
濵　盆栽

他では見ることのできない貴重な歴史的遺産です。

この墓地の丘から、先ほどの坊の海が眺められ不思議な気分に誘われます。

峠と海の途中にあるレストラン

坊を枕崎市に向かって丘を登って行くと丘の上が、景勝地の耳取峠《みみとりとうげ》です。

その峠から、海に向かって真下にくねくねと山道を下っていくと、途中に昔懐かしい木造の小さなレストランがあります。

ランチも良し、コーヒーとケーキでも良し。二人揃って坊泊小学校卒業のご夫婦が経営していらっしゃいます。

写真はテラス席からの眼下の海です。突堤の先に釣り人が一人見えます。

突堤の後ろ姿の父の秋　濵　盆栽

国道220号線から見る開聞岳（さつま富士）

坊津の耳取峠を下ると、もう枕崎市です。

枕崎市も過ぎて、国道２２６号線をしばらく行くと、かの有名な開聞《かいもん》岳に繋がる海岸線に出ます。

ここの風景は天下一品です。

さつま富士の異名を持つ開聞岳にも、いろいろな神話と歴史が付きまとっています。

そういえば先の大戦の時、知覧から飛び立った特攻機は、この秀麗な山を横にみながら飛んで行ったのでしょう。

日の丸の翼よあれが薩摩富士　　濵　盆栽

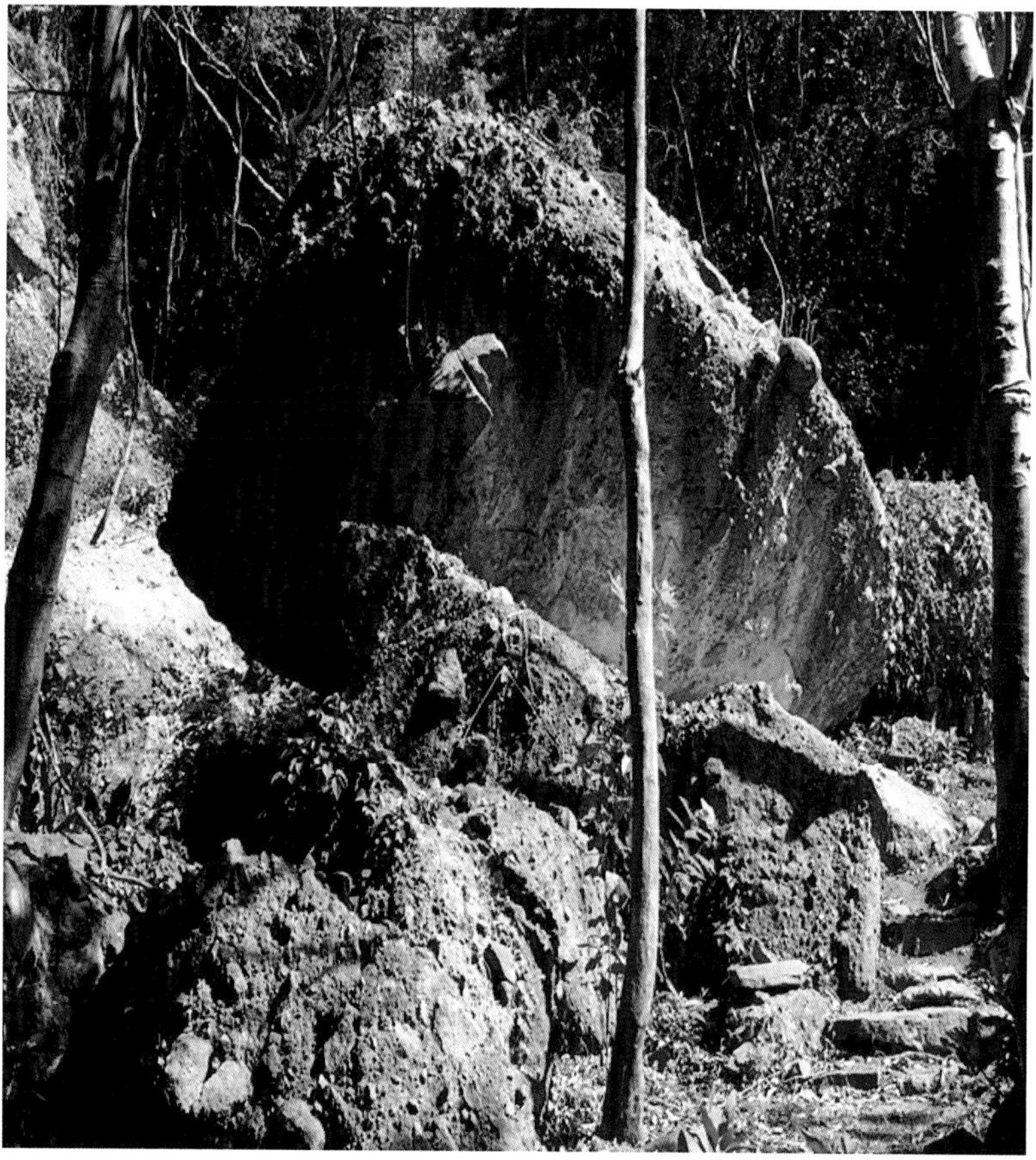
磐座か？　（柴田重徳氏撮影）

宮ノ山由来
皇孫瓊々杵尊が宮居を定むべき地を探し求めて吾田の長屋の笠沙の御前においでになり、塩土の翁から領有地の献上を受けられ「ここは韓国に向かい、朝日の直刺す国、夕日の火照る国なり、いとよきところ。」といたく気に入られ、ここに宮居を定められた神代笠沙宮の古址と伝えられています。
古事記・日本書記によりますと、瓊々杵尊はある時に笠沙の御前で麗しき美人に出会い、その名をたずねると大山津見神の娘で神阿多都姫、またの名を木花開耶姫といい、この姫を妃に迎えることになります。
やがて二人の間には三人の皇子が誕生し、長子は火照命といい隼人の阿多君の祖となり、末子は火遠理命、またの名を天津火高日子穂穂手見命といい天皇家の祖となったと伝えられており、ここ宮ノ山は皇孫発祥の大ロマンの可能性を秘めた実に神秘で由緒ある地とされています。
笠沙の宮跡案内図

話は元に戻って、黒瀬海岸に漂着した戦争難民（瓊瓊杵尊?）一行は、野間岳《のま》に続く長屋《ながや》山を越えて、万之瀬《まのせ》川近くに辿り着く。

その前に、もう一つの遺跡があります。写真の標識は笠沙の宮跡と書いてありますが、諸説あり、笠狭宮（後述）に至る前の宮跡ともされる宮ノ山遺跡。

笠沙町の野間岳山腹にドルメン(支石墓)ともケルン(積石塚)とも思われる古代祭祀に関連した遺跡です。出雲伝来の磐座《いわくら》とも推測されます。出雲と聞いて、オッとされた方は神社通と思います。

「邪馬台国」は本書に詳述したように出雲族が建国し、九州西南端の坊津の集落の神社はどれも出雲の忠臣・猿田《さるた》彦が祭神だからです。

いずれにしろ、この遺跡は戦争難民(弥生時代)の遺跡ではなく、縄文時代の影響の残る遺跡と思われます。

（柴田重徳氏撮影）

磐座か？

参考文献：『ふるさとのお社鹿児島県神社誌』鹿児島県神道青年会　１９２５年

霊峰金峰山を背にして立つコノハナサクヤ姫像

本題に戻って、

ここで、運命の出会いが有りました。

阿多（現在もこの地名がある）の阿多都《あたつ》姫（通称コノハナサクヤヒメ）です。

本名は、「神《かむ》阿多都比売《あたつひめ》」（神は美称、阿多都は阿多の、比売は姫、すなわち素晴らしい阿多の姫）です。

写真は南薩の霊峰金峰山《きんぽうざん》を背にして立つコノハナサクヤ姫です（鹿児島県南薩摩市）。

日本発祥の地、笠沙の宮跡の碑　（鹿児島県南さつま市）

瓊瓊杵尊（神代一代）は、黒瀬に上陸後、朝日の直刺《たださ》す国、夕陽の日照《ひて》る国、甚吉《いとよ》き所『古事記』、といって、この地に宮居《みやい》を建てたという。

瓊瓊杵尊はコノハナサクヤ姫と結婚し、この地にしばらく滞在して、ホデリノミコト（海幸彦ー後の熊襲・隼人の祖とも）と、ホオリノミコト（山幸彦ー後の神代二代）をもうけけた。

後世、ここを笠狭《かささ》の宮といい、この地を御座屋敷《ござやしき》と呼んでいます。

竹屋神社

竹屋神社《たかやじんじゃ》

加世田・宮原に鎮座。創建年代は不詳。

当初は南さつま市加世田・内山田の舞敷野《ましきの》の竹屋ヶ尾の麓に鎮座していたとされる。

主祭神：彦火々出見命（火遠理命、山幸彦）

祭神：豊玉姫命

参考文献

『竹屋神社由緒』宗教法人竹屋神社　1995年

オオヤマツミ神社

皇孫瓊瓊杵尊が、オオヤマツミの娘の阿多都比賣（木花咲耶姫命）を妃とされたので、国津神オオヤマツミの神は天孫の外戚となられ、神代時代のわが国の統治に助力された。

参考文献
「金峰郷土史」：金峰町郷土史編纂委員会
「南さつま市金峰史跡処」：南さつま市教育委員会

豊玉神社（鹿児島県南さつま市）

神代二代ホオリノミコト（山幸彦）は国津神ワタツミの神の娘である豊玉姫と結婚された。

後に、豊玉姫を祭神とする豊玉神社が鹿児島県南さつま市に建立された。

ニニギの命系図（神話）

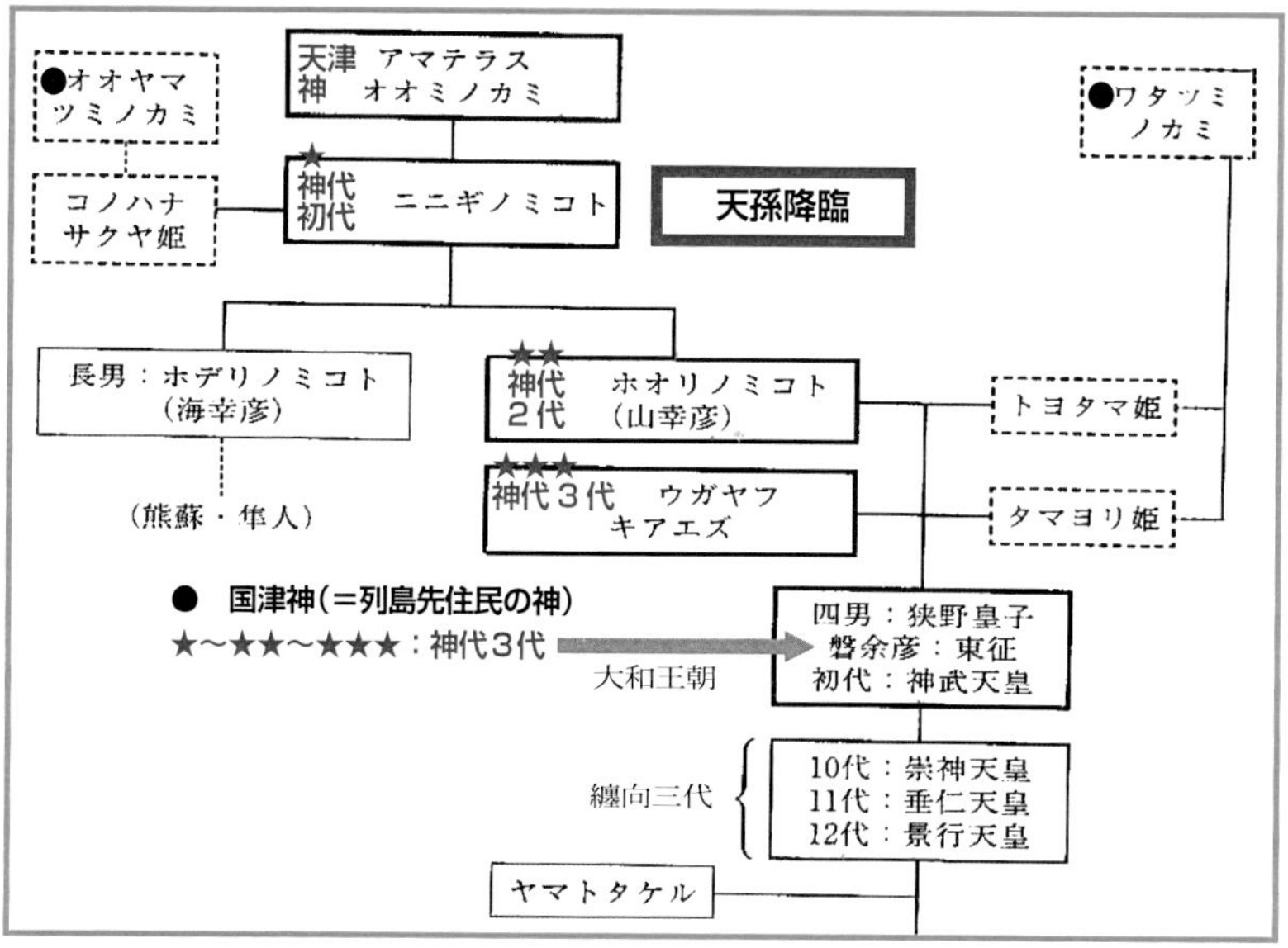

ホオリノミコトとトヨタマ姫の皇子である神代三代のウガヤフキアエズノミコトはタマヨリ姫（トヨタマ姫の妹）と結婚する。

そして二人の間にできた皇子が狭野皇子、成人名を磐礼彦と言い、後に東遷して初代・神武天皇に即位して、大和王朝が始まる。

以上の神話上の天孫族と国津神の系図を作れば、図のごとくである。

（柴田重徳氏撮影）

ところで、神話には出てこないが、今のところ南さつまで唯一の古墳が南さつま市小湊に所在する奥山古墳《おくやま》（通称：相星古墳）である。

直径13・5mの円墳で（著者注、人骨のほか鉄剣などの副葬品の他に）、古墳時代前期後半に属する多数の土器が出土している。

三種の石棺石材の一つは天草地域の砂岩の搬入品である事が分かった。

これは、地域の広域交流（著者注：即ち、有明海航路＝海（貝）の道の存在）が行われていた事を示している。

参考文献
橋本達也（鹿大総合研究博物館）：
『列島西南端の古墳時代墓制―奥山古墳調査成果』
から

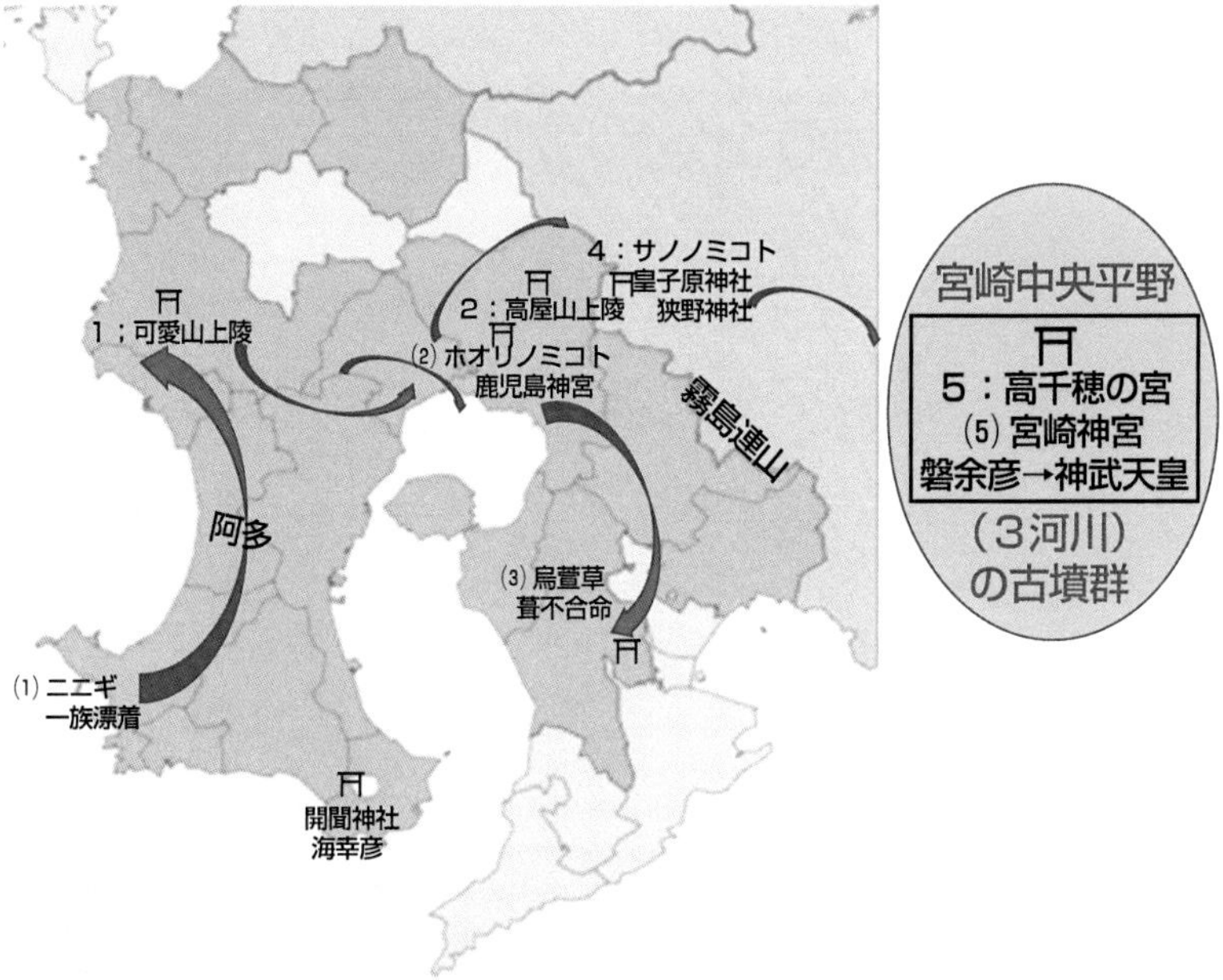
4：サノノミコト
皇子原神社
狭野神社
2：高屋山上陵
1；可愛山上陵
(2) ホオリノミコト
鹿児島神宮
霧島連山
宮崎中央平野
5：高千穂の宮
(5) 宮崎神宮
磐余彦→神武天皇
（3河川）
の古墳群
阿多
(3) 烏萱草
葺不合命
(1) ニニギ
一族漂着
開聞神社
海幸彦

古事記における天孫・瓊瓊杵尊
ご一行の南九州変遷想像図

次は、鹿児島県境いの宮崎県高原町に遷座されている。

ここは、現在、盆地になっていて霧島山系の湧き水が豊富で、水田が広がっている。

また皇子原、皇子原神社（小円墳）、御池《みいけ》という地名も残っている。

皇子原神社　　（宮崎県高原町観光協会のポータルサイトより）

皇子原《おうじばる》神社

狭野皇子生誕の地に立つ。

鳥居の奥の社殿は、小円墳の上に立っていると言われる。その周囲に、数基の小円墳がある。

狭野神社　　（宮崎県高原町観光協会のポータルサイトより）

狭《さ》野《の》神社

後の神武天皇のご幼名である狭野の尊（成人後は神倭《カムヤマト》（大和）磐余彦命《イワレヒコノミコト》）を祭神とする狭野神社も近くに鎮座している。

⇦⇧ 生目3号墳　（宮崎市の観光・文化情報サイトより）

生目《いきめ》古墳群

磐礼彦は成人になって、狭野の地を離れ、丘を下った宮崎中央平野の大淀川近くに宮居を構えられた、という。

宮崎中央平野と言えば、おびただしい古墳の宝庫です。

まず、生目古墳が挙げられます。生目古墳3号：大淀川河畔の小高い丘陵に広がるこんもりとした木立の群れの中の前方後円墳。

墳丘全面が葺石で覆われて、圧巻です。

宮崎神宮

磐礼彦は成人後、狭野の地の丘を下って、宮崎中央平野の大淀川近くに宮居を構えられ、そこで倭（大和）東征を臣下と共に計画された、という。

その跡に**宮崎神宮**が建立された…と。

船塚古墳の説明版(右)と立札(左)

宮崎神宮の裏手に**船塚古墳**がある、と聞いたので行ってみた。

少しカーブのある雑木林を歩く事、数分。

船塚古墳の説明版が見えて来た。

えー、この雑木林の奥にあるのか、と目を凝らしてみたが、それらしき構造物は見えない。

雑木林の中に入ろうとしたら、左手に「立ち入り禁止」の立札が立っていた。

雑木林の中に古墳の幻を見た気がして、帰路についた。

みそぎ池

禊池《みそぎ》

神話の原点に戻れば、宮崎には、伊邪那岐命が禊を行ったという禊池がある。

いや、神話ではなく、歴史（事実）の原点とでも言うべき禊池である。なぜなら、写真のごとく禊池は現存するからである。

ここは日向海岸に近く、大淀川の汽水域で古事記の小戸《おど》の渡りや橘通りも現存する。砂丘と砂丘の間を大淀川（の一分流か）が流れていて、瓊瓊杵尊の頃は川水が流れていたが、その後この禊池が取り残されて現在の形に残った、という。

近くには古社の江田《えだ》神社（もちろん祭神は伊邪那岐命と伊邪那美命）が鎮座しており、律令時代にはその近くを官道が走っていた名残がある。

どうやら、私は神話と歴史（事実）の狭間から覚める時が来たようだ。

あとがきに代えて

日本人の「心」の基層

日本人の民族的・文化的ルーツを知りたい一心から、古代に関する本を読み漁っていると、「記・紀」により封印された「**邪馬台国**」と、葬られた「**出雲王朝**」が蘇ってきた。

それが、この拙著である。

その副産物のように湧いてきたのが、『日本人の「心」の基層』という課題である。

日本人の「心」の基層は、いろいろな表現があるだろうが、一口で言えば、縄文時代~弥生時代~古墳時代から「心」に寂として通底している「無常」ではないだろうか。

もちろん縄文~弥生早期に「無常」という言葉があったとは思われず、むなしくとか、はかなしとか、それに近い言葉で表現されてきただろう。「無常」とは一般にこの世の森羅万象はすべて、姿も本質も常に変転するもので、その存在は同一性を保持することができないことを言うとされる(Wikipedia)。

縄文時代の人型土偶の虚空を見つめる目を見れば、あの目はその時代の生活と、そこに内蔵する永遠の「無常」を感じている**縄文人の目**のように思える。

弥生時代は、前の縄文とは違う、後の古墳とも異質の時代である。まるで生存の実りの中に何かを畏怖し「無常」を感じ、銅鐸をはじめとする祭祀器に依存する「**無常**」**信仰**というものが見てとれる。

古墳時代に造営された日本全国に立ち並ぶ約四五〇〇基もある前方後円墳は、今の世に我々に見せるのは共通した「無常」の姿である。

〽蟬しぐれ　古墳の杜に　鉄塔立つ　　濵　盆栽

なお無常観に縁起観と空観を論理立てしたのが仏教根本思想の一つと思う。法隆寺や東大寺で代表される飛鳥・奈良時代の多くの堂塔伽藍も、今となれば「無常」の世界を静かに物語っている。

聖徳太子は、仏教信仰につなげて「無常」を次のように表現している。有名な、

世間《せけん》虚仮《こけ》・唯仏是真《ゆいぶつぜしん》

世間はすべて虚妄（無常）だから、ひたすら仏を信じて祈り、真実を求めなさい、と。

このように古代から中世を経て現代まで、脈々とつながって通底している日本人の「心」の基層は「無常」と言っても過言ではない。

では、「無常」の反対の「有常《うじょう》＝**常世**《とこよ》」はあるのだろうか？

〽**呉床座**《あぐらい》の神の御手もち弾く琴に舞する女**常世**にもがも　　古事記　雄略天皇

呉床座は腰掛けの意。がもは願望。天皇は若い女が永遠不変であってほしいと願う。

〽君を待つ松浦《まつら》の浦の娘子《おとめ》らは**常世**の国の海娘子《あま》かも　　読み人知らず

海の中に年もとらない常世があるのだろうか、という歌の願望。

これらに対して「浦島」伝説は「玉手箱」で、そういう国はないとあっさりうたかたのごとく否定している。

日本最古の文学は「古事記」である（七一二年）。神々の日本創生に始まり、その神々は寿命がなく慈愛に溢れた面もあるが、他方、乱暴、狼藉、私利私欲、愛欲と悲劇的結末なども赤裸々に描かれている。それが古代の指導者・権力者の神から受け継がれた姿だという。

このような神々、権力者、支配者の心にも、未来を哀しく見つめる人間的な「無常」が反映されている。

景行天皇の第二皇子で英雄の誉れ高かったヤマトタケルの悲劇的最期の望郷歌

〽大和は国のまほろば　たたなづく青垣　山ごもれる　大和し**うるはし**
「古事記」

父王の真意を計りかねつつ将来ある人生を絶たれた青年の心情には、無常の滅びを知りながら流転の世のはかなさが滲んでいる。

同じころ編纂された「万葉集」では、まず「無常」の淡い表現が多い。

〽うらさぶる心さまねし　ひさかたの天《あま》のしぐれの流れあふ見れば
長田王《ながたのおおきみ》

〽古《いにしえ》の古き堤は年深み　池のなぎさに水草《みくさ》生ひにけり
山部赤人

万葉集も後半になると、「無常」表現がもっと直截的になる。

〽**世の中は空しきもの**と知る時し　いよいよますます悲しかりけり　大友旅人

〽うつせみの**世は常なし**と知るものを　秋風寒み偲びつるかも　大友家持

さらに中世になると、平家物語をはじめとする軍記物語、西家集、方丈記、徒然草など「無常」の大きなうねりが、我々にはっきりした姿で迫ってくる。日本の中世の文学を読んだとき、そこに「無常」を感じない人は、まずいないと思う。

なお、「祇園精舎の鐘の声　**諸行無**常の響きあり」（平家物語）で、「無常」は仏教観を通じてよく知られているが、仏教から起こった観念というよりは、むしろ仏教が無常を取り入れたように思われる。

〽駒とめて　袖うちはらふかげもなし　佐野のわたりの雪の夕暮れ　定家（新古今）

〽なにごとも変はりのみゆく世の中に　おなじ影にてすめる月かな　西行（山家集）

中世は貴族、墨客《ぼっかく》や僧侶のみならず、兵《つわもの》や庶民も好んだ能楽、文楽、歌舞伎、謡曲、茶道、陶芸、俳諧などに「無常」が頻出する。

そして、利休の「わび」茶の美と芭蕉の「さび」句の美。削ぎに削いだ枯淡の「わび」美と、対極的な情感的「無常」に創生をもはらむ風雅の「さび」美。

〽花守や　白き頭を　つき合わせ　去来

〽父は逝き　世間変わらぬ　秋まつり　濵　盆栽

前句の老残の哀愁を偲ぶ人々と、華やぐ花盛りとの取り合わせが「無常」⬇さび美を創出している。

器の金継ぎもその典型である。豪華な形ある物（器）もいずれ壊れる。それを滅した物として捨て去らず、割れ目を金で継いで再生し愛でる文化。そこには「無常」の創生の極美がある。

このように古代から中世を経て現代まで、脈々と繋がって通底している日本人の「心」の基層は「無常」と言っても過言ではない。

しかし、日本人は「無常」を突き詰めるあまり、決してニヒリズムに陥ることはなく、逆に「無常」を積極的に深化させ精神的美にまで昇華させてきたと言える。

王朝文学にみられる「あはれ」（はかなし）の美も、物の滅びの「無常」美の表白に他ならない。それはさらに後世の「幽玄」や「余情」、そして「わび」、「さび」につながるものである。すなわち単なる「無常」の表層的な詠嘆や厭世観から脱却し、徹底的に深化させた精神的美観が生まれた。「無常」が時を経て形而上的「心」の精神美に昇華されたのである。

〽花よりも　人の悲しき　吉野山　　濵　盆栽

このように我々日本人は、今振り返れば情感的「無常」に留まらせず精神的「無常」美に昇華させていたのに、改めて驚かされる。

それは、日本人固有の感受性と、世界に類をみない独特な四季の移り変わりの**美**《み》**ご**とさからくるのであろう。日本列島の特殊なジオグラフィカル的誕生に由来する、この四方を海に囲まれた四季の移り変わりの**美《み》ごと**さは、他の国にはあまりみられないかけ替えのないものである。

一方、近年急速に進歩してきた「ヤポネシア（日本列島）」における古代の人骨のゲノム分析により、**ヤマト人**（ヤマトは戦艦大和ではなく、ヤポネシア研究用語のヤマト）**は、もともと中国・朝鮮などの北東アジア人やインドシナ半島人などとは異なる孤立した（特異な）ゲノムの持ち主**だという。そのゲノムから生まれ出ずる感受性が日本人の特性なのかもしれない。そう言われれば、古今東西の歴史上、思い当たることが多々ある。

我々は、特異なヤマトゲノムを生来持ち、この美《み》ごとな自然環境にあって、それを生み出す大地から誕生し、とかく「無常」と向き合い確執を起こし、時に喜び楽しみしながら、いずれその大地に帰るのであろう。

最後になりましたが、本書の出版にご尽力いただいた鉱脈社の川口敦巳社長及び川口道子専務に心より深く感謝申し上げる。

日本人の「心」の基層の主な参考文献

中村元：『原始仏教』日本放送出版協会　1970
平野純：『はじまりのブッダ』河出書房新社　2014
唐木順三：『無常』筑摩書房　1965
西田正好：『無常の文学』稿新書　1975
網野・森・大林・他：『日本通史（第1巻日本列島と人類社会）』岩波書店　1993
小林秀雄：『無常という事　全作品14』新潮社　2003
坂口昌弘：『ヴァーサス日本文化精神史』文學の森　2016
松岡正剛：『うたかたの国』工作舎　2021
その他：割愛

付記：You Tube アップロードのお知らせ

本文を、下記のように You Tube にアップロードしました。三部構成です。

なお、ナレーターが私本人ですので、お聞き苦しいところも多々あると思いますが、そこは飛ばして大筋でも分かっていただければ、この上もなく幸いです。

リンクは以下のとおりです。

① 邪馬台国南九州説パート1：帯方郡から邪馬台国までの行程　（約38分）
https://youtu.be/tnfXzZzGNuw

② 邪馬台国南九州説パート2：出雲の国と邪馬台国　（約25分）
https://youtu.be/qTypLnafzzw

③ 邪馬台国南九州説パート3：
出雲と邪馬台国の大同団結=大和王朝の誕生　（約30分）
https://youtu.be/gNMz5CTjVgg

または、You Tube を開いて「邪馬台国南九州説」を検索して頂ければ、上記の You Tube が出てきます

〔著者略歴〕

濵田博文（はまだ ひろふみ）

昭和20（1945）年7月9日生まれ。小学校まで坊津町泊で育つ。
ラサール中・高卒業、昭和46年鹿児島大学医学部医学科卒業。
同大学医学部脳神経外科講師（日本脳神経外科学会専門医）、
ドイツDüsseldorf大学神経病理学研究所留学などを経て、
昭和63年同大学医学部保健学科教授、平成15年同大学院保
健学研究科教授併任（日本リハビリテーション医学会専門医、
指導医）。その間、鹿児島大学医学部保健学科長、同大学教
育研究評議員などを務める。
平成23（2011）年3月定年退職。同大学名誉教授。同年度日
本高次脳機能障害学会会長。現在、社会医療法人緑泉会米盛
病院勤務。
現在、古代史と俳句に親しむ。「邪馬台国 in 南九州」を探究
する会会長。

本書に関連する著書

『心豊かな人生〜少欲知足〜』2011年3月
随筆集『少欲知足』（完結編）・第一句集『龍門滝』2013年12月
俳句日誌『古稀の樹』2015年7月、『喜寿への軌跡』2023年9月
古代歴史小説『邪馬台国は畿内にも北部九州にもなかった』
2019年5月 文芸社

封印された「邪馬台国」と
葬られた「出雲の国」が、
今、蘇える！

2024年6月30日 初版印刷
2024年7月7日 初版発行

著者 濵田博文

発行者 川口敦己
発行所 鉱脈社
宮崎県宮崎市田代町263番地
専用郵便番号880-8551
代表電話0985-25-1758
印刷製本 有限会社鉱脈社